Friedhelm Käpnick (Hrsg.), Philipp Girard,
Vera Körkel, Lea Schreiber, Britta Sjuts

Mathe-Asse in der 5. bis 8. Klasse

Begabungen erkennen und fördern:
ein Leitfaden mit Indikatoraufgaben und
Beobachtungsbogen

AOL
verlag

Bildnachweise:

Seite 7	Lupe mit Kindern © Anne Karen Rasch
Seite 13	Junge schreibt Test © Anne Karen Rasch
Seite 25	Grundschule und Mittelstufe © Anne Karen Rasch
Seite 28	Lupe zeigt auf Junge am Schreibtisch © Anne Karen Rasch, Zahnräder © Petra Lefin
Seite 27	Portfolio © Steffen Jaehde; Zahnräder © Petra Lefin
Seite 42, 43	Symbol KV © Julia Flasche
Seite 44	Stop © Mele Brink; Tipp © Julia Flasche
Seite 18, 21, 61, 72	Symbol Glühbirne © Anne Karen Rasch
Seite 65	Plättchen © Kristina Klotz
Seite 76	Buch © Mele Brink
Seite 88	Zielscheibe © Thomas Binder; Frau denkt nach © Corina Beurenmeister; Merke © Bjoern Okesson; Pfeile © Reichert-Scarborough; Zettel und Stift © Corina Beurenmeister; Listen und Tabellen © Hendrik Kranenberg; Begründen © Tina Pohl; Soziales Team © Stefan Lucas; Aufgabe © Reichert-Scarborough

alle anderen Illustrationen: Satzpunkt Ursula Ewert GmbH

Impressum

Mathe-Asse in der 5. bis 8. Klasse

Prof. Dr. Friedhelm Käpnick (Hrsg.) lehrt und forscht zu den Schwerpunkten „Individuelle Förderung und Begabtenförderung von Kindern" an der Universität Münster.

Phillipp Girard ist wissenschaftlicher Mitarbeiter an der Universität Münster und entwickelt Diagnose- und Förderkonzepte für eine adaptierte Gestaltung des Grundschulübergangs.

Dr. Vera Körkel forschte in ihrer Promotion zum informellen Lernen mathematisch begabter Kinder. Nun entwickelt sie als Lehrerin Konzepte zur Begabtenförderung am Gymnasium und setzt sie in Förderprojekten praktisch um.

Lea Schreiber ist wissenschaftliche Mitarbeiterin an der Universität Münster und erforscht verschiedene Problemlösestile mathematisch begabter Jugendlicher.

Dr. Britta Sjuts ist Lehrerin an einem Münsteraner Gymnasium. Sie promovierte zum Thema „Mathematisch begabte Fünft- und Sechstklässler" an der Universität Münster.

1. Auflage 2021
© 2021 AOL-Verlag, Hamburg
AAP Lehrerwelt GmbH
Alle Rechte vorbehalten.

Veritaskai 3 · 21079 Hamburg
Fon (040) 32 50 83-060 · Fax (040) 32 50 83-050
info@aol-verlag.de · www.aol-verlag.de

Redaktion: Dr. Sina Hosbach
Layout/Satz: Satzpunkt Ursula Ewert GmbH, Bayreuth
Illustrationen: Satzpunkt Ursula Ewert GmbH
Coverbild: Mädchen © be free – adobe.stock.com
(#371800704), Junge © zinkevych – adobe.stock.com
(#229184295); Whiteboard © chakisatelier – adobe.
stock.com (#169370214)

ISBN: 978-3-403-10684-5

Engagiert unterrichten. Begeistert lernen.

Inhaltsverzeichnis

Inhaltsverzeichnis

GEFÖRDERT VOM

Dieses Buch wurde vom BMBF-geförderten Forschungsverbund „Leistung macht Schule" (LemaS) im Rahmen des gleichnamigen Projekts der gemeinsamen Initiative von Bund und Ländern zur Förderung leistungsstarker und potenziell besonders leistungsfähiger Schülerinnen und Schüler entwickelt. Es soll Lehrerinnen und Lehrer beim Fördern von Potenzialen und Leistungsstärken im regulären Mathematikunterricht unterstützen.

Liebe Lehrerinnen, liebe Lehrer

Im Mathematikunterricht sind Sie mit vielen Herausforderungen konfrontiert:
- Wie schaffe ich es, dass alle Schülerinnen und Schüler meiner Klasse (mathematische) Grundfähigkeiten erwerben und niemand zurückbleibt?
- Wie wecke ich das Interesse eines Großteils der Klasse für die mathematischen Lernthemen?
- Wie bereite ich die ganze Klasse möglichst gut auf die Leistungstests vor?
- Wie kann ich in meinem Unterricht der großen Heterogenität gerecht werden?

Diese drängenden Probleme hängen sehr eng miteinander zusammen – jedoch genauso mit der Frage, wie mathematisch besonders begabte Schülerinnen und Schüler im regulären Mathematikunterricht individuell angemessen gefördert werden können. So schließt das Meistern der heterogenen Schülerschaft (→ Glossar) bezüglich der Leistungen und des Verhaltens im Mathematikunterricht explizit das individuelle Fördern von besonders Begabten ein. Wenn dies gelingt und zudem die enormen Potenziale der Mathe-Asse geschickt für die Breitenförderung genutzt werden, können auch die anderen Herausforderungen (siehe oben) deutlich besser im Unterrichtsalltag gelöst werden. Zwei Fallbeispiele aus unserem Projekt „Mathe für kleine Asse" (aus Käpnick 2013) stellen dies exemplarisch dar:

Max inspiriert die ganze Klasse

Max ist mathematisch hochbegabt. Eine besondere Stärke des 15-Jährigen besteht darin, dass er beim Bearbeiten mathematischer Problemaufgaben oft andersartige, aber originelle Lösungsideen entwickelt, mit denen er seine Mitschülerinnen und Mitschüler und gleichermaßen seinen Mathematiklehrer verblüfft. Der Lehrer ignorierte zunächst meist Max' Ideen, weil er sie für eher „abwegig" und für die Mitschüler „überfordernd" einschätzte. Inzwischen erkannte er aber, dass Max' pfiffige Ideen in zunehmendem Maße sehr wertschätzend aufgenommen wurden (was auch für die soziale Anerkennung des Mathe-Asses in der Klasse wichtig war) und dass der Junge mit seinen Ideen den Unterricht fachlich wie auch didaktisch-methodisch auflockerte und bereicherte.

Lea's Leidenschaft für das ästhetisch Schöne steckt an

Lea legt beim Lösen mathematischer Aufgaben stets besonderen Wert auf ästhetisch schöne Muster, egal, ob Figuren- oder Zahlen- bzw. Rechenmuster. Ihre diesbezügliche besondere Begabung bringt sie demgemäß oft im Mathematikunterricht ein, auch wenn sich alle anderen mit der bloßen Angabe einer Lösung zu einer Rechen-, Konstruktions- oder Sachaufgabe zufriedengeben. Mit ihrer Leidenschaft für das Schöne in der Mathematik hat Lea ihre Freundin Kira angesteckt, die Mathematik ansonsten nicht sehr mag und meist (nur) durchschnittliche Leistungen erbringt. Wenn jedoch beide Freundinnen im Unterricht gemeinsam schöne Lösungsdarstellungen entwickeln (können), dann blüht auch Kira auf.

Die beiden Fallbeispiele zeigen einerseits auf, wie die vielfältigen Begabungen von Schülerinnen und Schülern konkret für deren individuelle Förderung und zugleich für die Breitenförderung und zur Bereicherung des täglichen Mathematikunterrichts genutzt werden können. Die Beispiele lassen andererseits jedoch ebenso erkennen, dass diese Chancen im Unterrichtsalltag vermutlich nicht immer erkannt und umgesetzt werden. Die Umsetzung ist zweifellos eine komplexe Aufgabe für jede Lehrkraft. Sie erfordert fundierte Kenntnisse über Besonderheiten mathematisch begabter Schülerinnen und Schüler sowie hohe Professionskompetenzen im Planen und Gestalten dementsprechender Lernarrangements (→ Glossar) im Unterricht. Ihnen hierbei zu helfen und für die Umsetzung im

Schulalltag das notwendige theoretische Hintergrundwissen aufzuzeigen sowie konkrete Empfehlungen für ein differenziertes Erkennen und ein individuelles Fördern besonderer mathematischer Begabungen im regulären Mathematikunterricht anzubieten, ist unser Hauptanliegen.

Mathe-Asse in der 5. bis 8. Klasse (Bestellnummer 10684)

Begabungen erkennen und fördern: ein Leitfaden mit Indikatoraufgaben und Beobachtungsbogen

---

Forschen und Knobeln: Mathematik Klasse 5 und 6 (Bestellnummer 10685)

Vielfältige Aufgaben zu zentralen Lehrplanthemen mit didaktischer Anleitung und Lösungshinweisen

Forschen und Knobeln: Mathematik Klasse 7 und 8 (Bestellnummer 10686)

Vielfältige Aufgaben zu zentralen Lehrplanthemen mit didaktischer Anleitung und Lösungshinweisen

---

In diesem Leitfaden geht es um konzeptionelle Grundlagen und das Erkennen, Erfassen und Fördern von Mathe-Assen im Regelunterricht der Klassen 5 bis 8. In Ergänzung dazu finden Sie in den Heften „Forschen und Knobeln: Mathematik – Klasse 5 und 6" sowie „Forschen und Knobeln: Mathematik – Klasse 7 und 8" praktische Aufgabensammlungen mit didaktisch-methodischen Empfehlungen für eine weiterführende individuelle Förderung kleiner Mathe-Asse im regulären Mathematikunterricht.

Kapitel 1	**Mathematische Begabungen in der Mittelstufe** ● Kennzeichen ● individuelle Unterschiede ● Zusammenhänge mit der gesamten Persönlichkeitsentwicklung ● Einflussfaktoren	
Kapitel 2	**Mathe-Asse im Übergang von der Grundschule in die Mittelstufe** ● Gestaltung des Übergangs ● Aufgaben für die Mathematiklehrkraft	
Kapitel 3	**Mathe-Asse im Regelunterricht erkennen und erfassen** ● Begabungen individuell und differenziert erfassen ● ein mathematisches Begabungsprofil erstellen: Beobachtungen, Indikatoraufgaben, Befragungen, Selbstreflexionen	
Kapitel 4	**Mathe-Asse im Regelunterricht individuell fördern** ● Binnendifferenzierung und natürliche Differenzierung ● Beispielaufgabe: „Das Zahlenteilerspiel"	
Anhang	● Beobachtungsprotokoll ● Indikatoraufgabentest (Teil 1 und 2) mit Anleitung, Test, Lösungshinweisen, ausgewählten Schülerlösungen, Auswertungsbögen ● Leitfragen ● Schülerreflexionsbogen ● Mathe-Asse-Checkliste	

Tabelle: Übersicht der Schwerpunkte

Da viele in diesem Buch gebrauchten Begriffe in Theorie und Praxis unter verschiedenen Perspektiven uneinheitlich, zum Teil sogar mit unterschiedlichen inhaltlichen Bedeutungen verwendet werden bzw. verwendet werden können, werden in einem Glossar zum besseren Verständnis und im Sinne einer klaren Positionierung wichtige Begrifflichkeiten zusammenfassend erklärt.

Zwei Symbole werden Ihnen beim Lesen immer wieder begegnen:

 Achtung! Hier wird ein wichtiger Begriff oder Zusammenhang erklärt bzw. hervorgehoben.

 Nachgedacht! Reflektieren Sie über Ihre eigenen Erfahrungen, Haltungen, Überzeugungen etc.

Wir wollen vermeiden, Ihnen weder wissenschaftliche Erkenntnisse noch unsere über viele Jahre in der Schulpraxis erprobten Konzepte oder Erfahrungen einfach „überzustülpen". Vielmehr möchten wir Sie anregen und einladen, ausgehend von Ihren Haltungen, Überzeugungen und Ihren Professionskompetenzen sowie unter Beachtung Ihrer jeweiligen schulischen Rahmenbedingungen, sich aktiv-konstruktiv mit den Fakten, Aussagen, Schlussfolgerungen und Empfehlungen der einzelnen Buchkapitel auseinanderzusetzen und auf diese Weise – stets selbstreflektierend – eigene konzeptionelle Ideen für eine gelingende Förderung kleiner „Matheasse" im Mathematikunterricht der Mittelstufe zu entwickeln. In diesem Sinne haben wir an verschiedenen Stellen des Buches Impulsfragen eingefügt, die Sie bitte vor dem jeweiligen Weiterlesen für sich beantworten. Sie können Ihre Antworten dann zum Beispiel mit den nachfolgenden Erörterungen vergleichen oder hierüber mit Bezug auf Ihre jeweiligen schulischen Rahmenbedingungen „vor Ort" reflektieren.

Wir hoffen, dass wir Ihnen mit dem praxisorientierten Ratgeber eine wirksame Hilfe beim Erkennen und individuellen Fördern von Mathe-Assen im mittleren Schulalter und zugleich für eine potenzialstärkende Breitenförderung im Schulalltag anbieten können. Fühlen Sie sich ermutigt, die Angebote gemäß Ihren Intentionen und Gegebenheiten einzusetzen und zu spezifizieren.

Wir wünschen Ihnen hierbei viel Spaß und gutes Gelingen! Über kritische Fragen oder Anmerkungen würden wir uns genauso wie über Erfahrungsberichte zu gelungenen Erprobungen von Aufgabenmaterialien sehr freuen.

Ihr Autorenteam

Friedhelm Käpnick (Hrsg.), Philipp Girard, Vera Körkel, Lea Schreiber und Britta Sjuts

1   Mathematische Begabungen in der Mittelstufe

1.1   Was heißt (mathematisch) begabt?

Auf diese Frage erhielten wir von Lehrkräften, die wir im Rahmen der Bund-Länder-Initiative „Leistung macht Schule"[1] befragten, sehr unterschiedliche Antworten.

Mathematisch (hoch-)begabt sei ein Schüler, wenn er …
- in einem Intelligenztest einen IQ-Wert von mindestens 130 erreicht habe,
- im Mathematikunterricht regelmäßig sehr gute Leistungen zeige und zudem in Klassenarbeiten und als Jahresabschlussnote in Mathematik (fast) immer ein „Sehr gut" erhalte,
- in mathematischen Wettbewerben (Mathematik-Olympiaden, Känguru-Wettbewerb, …) erste Plätze belege,
- im Mathematikunterricht mit kreativen Problemlösungen auffalle, ansonsten aber oft Verhaltensauffälligkeiten aufweise,
- eine große Hingabe für das Bearbeiten mathematisch anspruchsvoller Problemaufgaben, für das Entdecken formelmäßiger Zusammenhänge oder für das Entwickeln mathematischer Systeme zeige, zugleich spielerisch leicht mit Zahlen, Formen und Mustern „jongliere" und raffinierte Lösungsideen als „schön" oder „cool" empfinde.

 Inwiefern würden Sie den jeweiligen Antworten warum zustimmen bzw. aus welchen Gründen nicht zustimmen?

Die Antworten repräsentieren Denkansätze, die auch in der Begabungsforschung vertreten wurden bzw. werden. So entspricht die zuerst genannte Antwort der Definition der klassischen Intelligenzforschung und die in der vorletzten Antwort angesprochenen Verhaltensauffälligkeiten sind tatsächlich in vielen Fallstudien zu hochbegabten Schülerinnen und Schülern festgestellt worden. Sie gelten aber nachweislich nicht für alle besonders Begabten. In der aktuellen Begabungsforschung, die in den letzten 30 Jahren weltweit einen enormen Aufschwung verzeichnen konnte, ist ein breiter Konsens erzielt worden, der die angesprochenen Aspekte aus einer komplex-ganzheitlichen Sicht auf die Begabung eines Kindes bzw. Jugendlichen im Kontext seiner gesamten Persönlichkeitsentwicklung berücksichtigt und wertet. Demgemäß lassen sich folgende Grundpositionen zum Themenkomplex „Begabung" herausstellen:

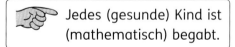 Jedes (gesunde) Kind ist (mathematisch) begabt.

Unter einer „Begabung" werden heute mehrheitlich die individuellen leistungsbezogenen Potenziale eines Kindes oder eines Jugendlichen verstanden, „also jene Voraussetzungen, die bei entsprechender Disposition und langfristiger systematischer Anregung, Begleitung und Förderung das Individuum in die Lage versetzen, sinnorientiert und verantwortungsvoll zu handeln und auf

---

[1] An diesem bisher größten gemeinsamen Bund-Länder-Projekt nehmen insgesamt 300 Grundschulen und weiterführende Schulen der Sekundarstufe I aus allen Bundesländern teil. Hauptziel der ersten Phase (2018–2022) ist es, schulische Strategien, Konzepte und Maßnahmen zur Förderung leistungsstarker und potenziell besonders leistungsfähiger Schüler in den MINT-Fächern, in Deutsch und Englisch zu entwickeln bzw. weiterzuentwickeln. Die Autorinnen und Autoren des Ratgebers unterstützen mehr als 80 Schulen aus 15 Bundesländern bei der Entwicklung begabungsfördernder Konzepte für den regulären Mathematikunterricht, einschließlich der Gestaltung der Übergänge „Kita – Grundschule" und „Grundschule – weiterführende Schule".

Gebieten, die in der jeweiligen Kultur als wertvoll erachtet werden, anspruchsvolle Tätigkeiten auszuführen" (iPEGE 2009, S. 17). Nach diesem Verständnis besitzt jedes Kind eine gewisse (Grund-) Begabung, auch für Mathematik. So hat jedes (gesunde) Kind vorgeburtlich, geburtlich und nachgeburtlich geprägte Zahlen-, Struktur-, Symmetrie- und Orientierungssinne, die die entscheidenden Voraussetzungen für das Erlernen jeglicher mathematischer Kompetenzen sind.

 Ein IQ-Test kann keine mathematische Begabung beweisen.

Um die leistungsheterogen sehr verschiedenen Potenziale von Kindern eines Jahrgangs inhaltlich und zugleich qualitativ unterscheiden und begrifflich zuordnen zu können, wird in der Begabungsforschung wie auch in der Schulpraxis das Attribut „begabt" zumeist in Bezug auf Kinder mit weit über dem Durchschnitt liegenden Potenzialen bzw. Leistungsstärken verwendet. Hiermit meint man und meinen wir eine „Leistungsspitze", die etwa 10 bis 20 Prozent aller Kinder eines Jahrgangs umfasst. Damit grenzt sich die heutige Begabungsforschung mehrheitlich von der früheren „Prozentsatz-Definition" des Begriffs „Hochbegabung" ab, wonach (nur) auf der Basis der Bestimmung eines Intelligenzquotienten die Zuordnung zu einer kognitiven Hochbegabung vorgenommen wurde. Als quantitatives „Maß" einer Hochbegabung legte die klassische Intelligenzmessung einen IQ-Wert von mindestens 130 fest (wie in der einleitend genannten ersten Antwort der Lehrkräfte). Einen solchen Wert erreichten jeweils 3 bis 5 Prozent der Kinder eines Jahrgangs – je nach eingesetztem Intelligenztest. Diese Festlegung wird unter den heute führenden Begabungsforschern zum einen als ein „willkürlich" bestimmtes Maß kritisiert und zum anderen als „zu eng" angesehen, weil die auf das Messen eines Intelligenzquotienten beschränkte Definition nicht die vielschichtigen fachlichen, metakognitiven, motivationalen und volitionalen Kompetenzen berücksichtigt, die für eine erfolgreiche Bewältigung einer (hohen) Anforderung notwendig sind. Zudem wissen und beachten wir heute, dass eine Begabung auch durch intrapersonale Einflüsse, wie durch erzieherische Einflüsse der Eltern, durch das pädagogische Wirken von Erzieherinnen einer Kita oder durch Lehrkräfte einer Schule, mitgeprägt wird.

 Selbst durch die beste Förderung kann keine Hochbegabung erzeugt werden.

Die Begabung eines Kindes ist in erheblichem Maße vorgeburtlich, geburtlich und nachgeburtlich bestimmt, wobei die nachgeburtliche Phase in etwa das erste halbe Lebensjahr umfasst. Hirnforscher vertreten seit einigen Jahren die Position, dass etwa 70 bis 80 Prozent der Persönlichkeitsmerkmale eines Menschen in diesem Zeitraum geprägt werden (Roth 2007, S. 30–31). Anders ausgedrückt: Die Umweltabhängigkeit der Intelligenz wird von Roth und anderen bei bis zu 20 IQ-Punkten geschätzt[2] (ebd.). Dies mag auf den ersten Blick auf Lehrkräfte (und Eltern) ernüchternd wirken, da der Spielraum für erzieherische Einflüsse gering erscheint. Aber zunächst bedeutet die Einschätzung von Hirnforschern in Bezug auf die Begabtenförderung (→ Glossar) lediglich, dass es nicht möglich ist, aus jedem Kind selbst bei maximaler Förderung durch Eltern, Kita und Schule einen (mathematisch) Hochbegabten zu „machen" (was mit einer weit verbreiteten Alltagsmeinung übereinstimmt). Darüber hinaus weist Roth darauf hin, dass bei „genauerem Hinsehen" die intrapersonale Beeinflussung doch erheblich sein kann. Mit Bezug auf die IQ-Testung verdeutlicht er, dass ein Kind, das mit einem durchschnittlichen IQ-Wert von 100 geboren wird, bei optimaler Förderung zu einem IQ-Wert 115 geführt werden kann (was dem durchschnittlichen IQ-Wert eines deutschen Abiturienten entspricht). Dagegen kann der IQ-Wert unter „miserablen" Umwelteinflüssen von 100 auf etwa 85 sinken. Somit gilt: Durch ein günstiges „Zusammenspiel" der vorgeburtlich, geburtlich und nachgeburtlich bestimmten Potenziale und aller fördernden Umwelteinflüsse *kann* sich ein hohes mathemati-

---

[2] Hirnforschende wie Roth beziehen sich im Unterschied zur Mehrheit der aktuellen Begabungsforscher nach wie vor auf den kritisch eingeschätzten Ansatz der IQ-Definition für Hochbegabung.

sches Potenzial (Kompetenz) zu einer weit überdurchschnittlichen mathematischen Performanz (Leistungsfähigkeit) weiterentwickeln. Die Dynamik einer Begabungsentwicklung kann aber auch Diskontinuitäten einschließen. Wie das Fallbeispiel auf Seite 22 verdeutlicht, treten Hemmnisse oder gar Fehlentwicklungen nicht selten in Phasen markanter Veränderungen von kindlichen Lebenswelten auf – wie in der Phase des Übergangs von der Grundschule in eine weiterführende Schule.

 Begabungen beziehen sich auf bestimmt Bereiche.

In der aktuellen Begabungsforschung herrscht Einigkeit darüber, dass Begabungen bereichsspezifisch geprägt sind. Im Münchner Hochbegabungsmodell werden zum Beispiel als bereichsspezifische Begabungen die Domänen Mathematik, Naturwissenschaften, Technik, Informatik/Schach, Kunst (Musik, Malen), Sprachen, Sport und soziale Beziehungen unterschieden (Heller, Perleth, Lim 2005, S. 149). Die Bereichsspezifik schließt aber nicht aus, dass Kinder in mehreren Domänen eine besondere Begabung haben können und dass es zwischen den jeweiligen Begabungen enge wechselseitige Zusammenhänge gibt. Als „überholt" gilt jedoch die Position der klassischen Intelligenzforschung, wonach eine sehr hohe allgemeine Intelligenz eines Kindes notwendige Voraussetzung für eine spezifische sprachliche oder mathematische Begabung sein muss (vgl. Fallbeispiel Sven, siehe Seite 19).

 Mathematische Begabungen sind individuell geprägt.

Mathematische Begabungen können von früher Kindheit an sehr unterschiedlich ausgeprägt sein. Die Heterogenität bezieht sich nicht nur auf verschiedene qualitative Niveaus, von zum Beispiel überdurchschnittlich über hoch bis höchstbegabt (horizontale Heterogenität), sondern auch auf diverse Facetten einer vertikalen Heterogenität (→ Glossar). Hiermit sind etwa verschiedene individuell bevorzugte Problemlösestile, geschlechtsspezifische Besonderheiten, eine Unterscheidung nach besonderen kognitiven und physiologischen Konstellationen bei Kindern oder unterschiedliche Sozialkompetenzen gemeint (vgl. hierzu die Erläuterungen in Kapitel 1.3).

 Mathematisch begabte Kinder brauchen spezielle Zuwendung.

(Mathematisch) begabte Kinder benötigen, wie alle Kinder, Zuwendung und Anerkennung. Das gilt insbesondere, wenn man berücksichtigt, dass besonders begabte Kinder häufig sehr sensibel sind (Mönks, Ypenburg 2000, S. 34–37; Käpnick 1998, S. 267). Dass eine Missachtung dieser Grundposition negative Folgen haben kann, verdeutlichen Svens (siehe Seite 19) und Leos Fallbeispiele (siehe Seite 22). Unsere langjährigen Studien zeigen zudem auf, dass mathematisch besonders begabte Kinder durchaus Probleme oder sogar Defizite im Rechnen, im räumlichen Orientieren oder im sprachlichen Darstellen von mathematischen Sinnzusammenhängen haben können. Demgemäß ist es erforderlich, dass Lehrkräfte auf der Basis einer detaillierten Diagnose diesen Kindern helfen, ihre diesbezüglichen fachmathematischen Defizite zu beheben. Analoges gilt in Bezug auf soziale oder spezifische Probleme in der Persönlichkeitsentwicklung der Kinder.

 Viele mathematisch begabte Kinder passen sich an und werden nicht erkannt, es sind „Underachiever".

Nach unseren Erfahrungen gibt es darüber hinaus viele mathematisch potenziell begabte Schülerinnen und Schüler, die im täglichen Mathematikunterricht zwar unterfordert sind, deren Begabungen aber nicht erkannt werden. Diese in der Begabungsforschung als „Minderleistende" oder „Underachiever" bezeichneten Schülerinnen und Schüler opponieren gegen die aus ihrer Sicht empfundene permanente Stresssituation und spielen „Klassenclown" oder sie passen sich dem durchschnittlichen Leistungsniveau in ihren Klassen an und geben sich damit offenbar zufrieden. Ihre Leistungspotenziale drohen somit Schritt für Schritt zu verkümmern. Etwa 50 Prozent der potenziell begabten Kinder eines jeden Jahrgangs sind Underachiever. Experten vermuten einen Teil der Ursachen hierfür schon in Entwicklungen während der ersten Schuljahre (Häuser, Schaarschmidt 1991, S. 146).

 Mathematisch begabte Kinder sind eine Bereicherung für den Unterricht.

Es ist sinnvoll und notwendig, mathematisch begabte Schüler in den regulären Mathematikunterricht umfassend zu integrieren. Zum einen können kleine Matheasse, wie die Beispiele von Max und Lea (siehe Seite 5) belegen, mit ihren hohen Leistungspotenzialen, mit ihren originellen Lösungsideen und mit ihrer Begeisterung für die „Welt der Zahlen und Formen" den täglichen Mathematikunterricht inhaltlich bereichern, emotional positiv auf ihre Mitschüler einwirken sowie anderen Kindern konkrete Lernhilfen, zum Beispiel in Form von Lernpatenschaften, geben. Zum anderen ist es unverzichtbar, dass die besonders begabten Kinder reichhaltige Erfahrungen in einer leistungsheterogenen Klasse sammeln, um das „Anderssein" wie auch das Besondere des eigenen Ichs zu erkennen, zu verstehen und zu akzeptieren.

Über diese allgemeinen Grundpositionen hinaus gilt es zu klären, worin die Bereichsspezifik einer mathematischen Begabung besteht. In der Fachdidaktik hat sich die Auffassung durchgesetzt, dass das Besondere einer mathematischen Begabung nicht mit dem Theorieansatz der allgemeinen Intelligenzforschung bestimmt werden kann – und nur zu einem gewissen Teil mit den prozess- und inhaltsbezogenen Kompetenzen der Bildungsstandards und der Mathematiklehrpläne (vgl. hierzu zum Beispiel Käpnick 1998, 2013). Somit stimmen die eingangs dieses Kapitels genannten ersten beiden Antworten nicht mit der mehrheitlichen Auffassung in der aktuellen Begabungsforschung überein. Ebenso eignen sich Ergebnisse von bekannten Schülerwettbewerben, wie vom Bundeswettbewerb „Mathematik" oder vom „Känguru-Wettbewerb", nur sehr bedingt für die Diagnose einer mathematischen Begabung, da sich deren Bewertungen von Aufgabenlösungen nur auf Ergebnispunkte beschränken. Die Qualität von kreativen Ideen und die in den individuellen Lösungsprozessen von den Schülern angewendeten vielschichtigen Kompetenzen hingegen werden nicht oder nur indirekt erfasst (Benölken, Käpnick 2017). Zudem widersprechen die meist in Klausurform organisierten Wettbewerbe, bei denen jeder Teilnehmende in einer für alle einheitlich vorgegebenen Zeit allein Aufgaben bearbeitet, dem Wesen mathematisch-produktiven Tuns. Dieses ist vielmehr charakterisiert durch ein stressfreies Erforschen eines mathematischen Problemfeldes in einem Team und unter Nutzung aller Hilfsmittel. Die Kennzeichnung des mathematischen Tuns, was das „Bild von Mathematik" als Wissenschaft adäquat widerspiegelt und was in der letzten Antwort der Einleitung zu diesem Kapitel angesprochen wurde, wird demgemäß in der aktuellen Begabungsforschung mehrheitlich als Orientierungsbasis für die Kennzeichnung einer mathematischen Begabung genutzt.

 „Mathematisch begabt" ist, wer eine Begabung für mathematisches Tun im Sinne des facettenreichen **Bildes von Mathematik** hat. Es umfasst:
- Suchen, Bestimmen und Lösen von verschiedenartigen zahlentheoretischen, algebraischen, geometrischen, stochastischen etc. Einzelproblemen oder komplexen Problemfeldern
- Entwickeln von Strukturen, Modellen etc. zu diversen Themenfeldern bis hin zum Entwickeln mathematischer Theorien
- spielerischer Umgang mit Zahlen, Formen etc.
- ausgeprägte, spezifische mathematische Ästhetik
- enge Wechselbeziehungen zwischen mathematischen und naturwissenschaftlichen Denk- und Arbeitsweisen (vgl. hierzu Käpnick 1998, S. 53–65)

1.2 Modell zur Entwicklung mathematischer Begabungen

Hiervon ausgehend und auf der Basis umfangreicher empirischer Untersuchungen sowie einer stetigen Auseinandersetzung mit eigenen Positionen haben zunächst Käpnick und Fuchs (Käpnick 1998; Fuchs 2006, S. 65–70) in einem längeren Erkenntnisprozess ein Modell zur Entwicklung mathematischer Begabungen im Grundschulalter, speziell für Dritt- und Viertklässler, konzipiert. In nachfolgenden empirischen Studien wurde es von ihnen selbst bestätigt und von anderen Mathematikdidaktikern (u. a. Nolte 2004, Bardy 2007) prinzipiell anerkannt. Wiederum hierauf basierend wurden in den letzten Jahren zwei weitere altersspezifische Modelle entwickelt, und zwar zur Kennzeichnung mathematischer Begabungen im Vorschulalter (Meyer 2015) und im mittleren Schulalter (Sjuts 2017). Letzteres wird im folgenden Kapitel 2 behandelt.

Die wesentlichen Merkmale mathematisch begabter Schülerinnen und Schüler im mittleren Schulalter kennzeichnet Sjuts in einem Modell (siehe Abbildung 1 auf Seite 15). Ihre Modellierung basiert auf den im Kapitel 1 erläuterten Grundpositionen und verdeutlicht ein komplexes Bedingungsgefüge der bereichsspezifischen Begabungsentwicklung. Die Grundstruktur der drei altersspezifischen Modelle mathematischer Begabungsentwicklung (Vorschul-, Grundschul- und mittleres Schulalter) ist prinzipiell identisch. Diese ergibt sich aus dem dynamischen Charakter kindlicher Begabungsentwicklungen, wonach sich die Potenziale eines Kindes in engen Wechselbeziehungen zwischen fördernden wie auch hemmenden und typprägenden Beeinflussungen durch die Gesamtpersönlichkeit eines Kindes und durch seine soziale Umwelt stetig weiterentwickeln.

> *„Potenzialentfaltung erweckt das Wesen des Menschen zum Leben*
> *und lässt ihn zum Ausdruck bringen, wer er ist."*
> (Verfasser unbekannt)

Die Bereichsspezifik der mathematischen Begabungen wird durch die im Zentrum der Modellierungen stehenden mathematikspezifischen Begabungsmerkmale und begabungsstützenden Persönlichkeitseigenschaften gekennzeichnet. Diese Kernkompetenzen weisen, entsprechend der oben genannten Grundpositionen, ein weit über dem Durchschnitt liegendes Niveau auf.

Für das Verständnis des Modells ist zudem zu beachten (vgl. Käpnick 2014, S. 220–224):
- Die Unterscheidung von Kompetenz und Performanz entspricht dem Kompetenzbegriff von Stern (Stern 1998, S. 17–22). Hiermit wird der in der Praxis häufig auftretenden Diskrepanz zwischen hohem Leistungspotenzial und vergleichsweise geringerer „abrufbarer" Leistungsfähigkeit bei Tests und Ähnlichem Rechnung getragen. Unter Kompetenz wird demgemäß die Verfügbarkeit von Wissen verstanden, mit dessen Hilfe die in einer Situation gestellten Anforderungen erkannt und bewältigt werden können. Vereinfacht ist Kompetenz das, was ein Individuum bezüglich eines Inhaltsbereichs weiß und kann (sein Potenzial). Performanz ist demgegenüber die eingeschränkte Anwendung von Kompetenz (die erfassbare Leistungsfähigkeit). Kompetenzen können somit immer nur aus der direkt erfassbaren Performanz erschlossen werden.

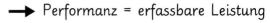

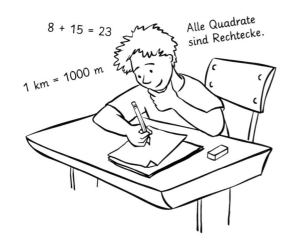

- Allgemeine kognitive Fähigkeiten, wie Sprach- und Denkkompetenzen, und persönlichkeitsprägende Eigenschaften, wie Temperament oder das jeweilige Selbstkonzept eines Kindes, beeinflussen das mathematische Begabungsprofil. In neueren Studien der Hirnforschung werden ebenso physische Besonderheiten, wie sprachbezogene Lernstörungen (vgl. das Fallbeispiel von Sven auf Seite 19 und Käpnick 2014, S. 216–218), und Immunschwächen, wie Allergien (Winner 1998, S. 160), im Zusammenhang mit Auffälligkeiten mathematischer Frühbegabung diskutiert. Wenn auch diesbezügliche Verallgemeinerungen derzeit wissenschaftlich nicht haltbar sind, können solche Zusammenhänge erste wichtige Indizien beim Diagnostizieren einer mathematischen Begabung, auch schon im Vorschulalter, sein.
- Im Unterschied zu Definitionen der klassischen Intelligenzforschung, wonach Begabung mit einem Test messbar ist, wird in den hier dargestellten Modellierungen bewusst auf eine eindeutige quantitative Niveaufestlegung verzichtet. Hauptgründe hierfür sind:
  – grundsätzliche Probleme bzw. Grenzen bei einer Messung von mathematischer Fantasie oder mathematischer Sensibilität,
  – die prinzipiellen Probleme einer einmaligen Testung,
  – der hochkomplexe Charakter des Merkmalssystems.
  Letzteres bedeutet, dass die mathematikspezifischen Begabungsmerkmale und die begabungsstützenden Persönlichkeitseigenschaften in einem Systemzusammenhang stehen. Das heißt, dass sich diese wechselseitig bedingen (und damit kaum oder nicht isoliert beim mathematischen Tun erfasst werden können) und dass sie individuell sehr verschieden ausgeprägt sein können.
- Das Modell wurde konkret für Schülerinnen und Schüler der 5. und 6. Klassen entwickelt (siehe Abbildung 1). Unseres Erachtens gelten die mathematikspezifischen Merkmale, die begabungsstützenden Persönlichkeitseigenschaften sowie auch die inter- und intrapersonalen Einflussfaktoren aber prinzipiell auch für die 7. und 8. Jahrgänge.

Das weit über dem Durchschnitt liegende Niveau der in den Modellen angegebenen mathematikspezifischen Kompetenzen lässt sich exemplarisch anhand einer Indikatoraufgabe verdeutlichen. Dabei geht es um die Kompetenz im Speichern mathematischer Sachverhalte im Arbeitsgedächtnis unter Nutzung erkannter Strukturen. Die Indikatoraufgabe 1 (siehe „Indikatoraufgabentest: Bist du ein Mathe-Ass? (Teil 1)") erfordert das Einprägen von 16 Zahlen eines 4×4-Zahlenfeldes und deren korrekte Wiedergabe. Dies gelingt aber nur, wenn in der unmittelbaren Phase der Informationsaufnahme intuitiv Zahlenmuster erkannt werden und es dadurch viel weniger als 16, nämlich nur vier Zahlen, zu memorieren gilt.

Neuere Ergebnisse der Neuropsychologie und der Kognitionspsychologie bestätigen zudem nachhaltig – auch in Übereinstimmung mit unseren zahlreichen bisherigen Fallstudien – die Hervorhebung mathematischer Sensibilität und Fantasie als wesentliche bereichsspezifische Merkmale mathematisch begabter Schüler sowohl im mittleren Schulalter als auch in allen anderen Altersbereichen. Eine ausgeprägte mathematische Sensibilität zeigt sich bei mathematisch begabten Schülern (im Unterschied zu weniger begabten Kindern) vor allem

- in ihrer großen Faszination und in ihrem ausgeprägten Gefühl für Zahlen, Zahl- und Rechenbeziehungen sowie für geometrische Muster,

„Oft sehe ich die Lösung. Manchmal überlege ich auch sehr lange und dann ist die Idee urplötzlich da."

- in intuitiven Phasen beim Problemlösen, die dem spontanen, offenen, teils sprunghaften, an intensive Empfindungen und vielfältige Bildwelten gebundenen Denken dieser Kinder entsprechen (vgl. auch das Fallbeispiel von Sven auf Seite 19).

Mathematische Fantasie, als den unseres Erachtens wichtigsten Aspekt kindlicher Kreativität, entwickeln begabte Kinder immer wieder eindrucksvoll, wenn sie spielerisch, offen und ungehemmt mit mathematischen Inhalten umgehen.

Anzumerken ist schließlich, dass das Modell, wie alle Modellierungen, nur eine Vereinfachung der realen Komplexität darstellen (können) und dass in den theoretischen Konstrukten (lediglich) wesentliche Aspekte und Zusammenhänge mathematischer Begabungsentwicklung im mittleren Schulalter relativ undifferenziert hervorgehoben werden. Das Modell hat somit eine Strukturierungs- und Orientierungsfunktion für die Einordnung von inhaltlichen Aspekten und Zusammenhängen zum Themenkomplex „Mathematische Begabungen".

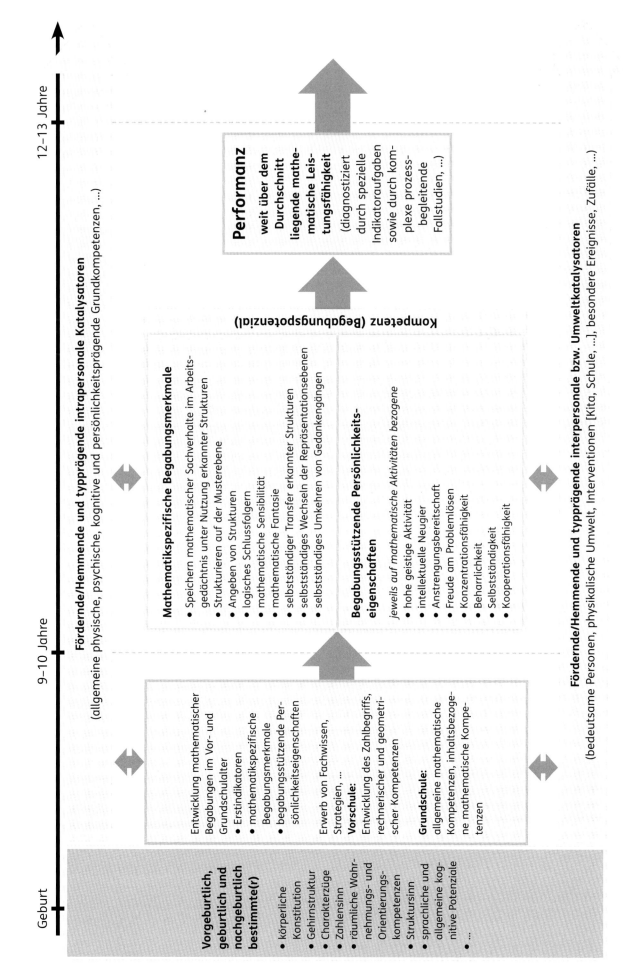

Abbildung 1: Modell zur Entwicklung mathematischer Begabungen im fünften und sechsten Schuljahr von Sjuts (2017)

1.3 Kriterien für individuelle Ausprägungen von Mathe-Assen in Klasse 5 bis 8

Die im Modell von Sjuts (siehe Abbildung 1) aufgelisteten mathematikspezifischen Begabungsmerkmale wie auch die begabungsstützenden Persönlichkeitseigenschaften und die interpersonalen Einflussfaktoren sind bei den kleinen Mathe-Assen sehr unterschiedlich ausgeprägt. Dadurch lassen sich verschiedene individuelle Ausprägungen mathematischer Begabungen im 5. bis 8. Schuljahr bestimmen, was wiederum sowohl für das Erkennen als auch für das adaptive Fördern der Mathe-Asse wichtig ist.

1.3.1 Unterscheidung nach Problemlösestilen

Das Bearbeiten herausfordernder mathematischer Problemaufgaben entspricht in vielerlei Hinsicht dem „Bild von Mathematik" (siehe Seite 11), das dem Begabungsmodell zugrunde liegt. Fuchs konnte bereits nachweisen, dass mathematisch begabte Dritt- und Viertklässler verschiedene Problemlösestile haben, die im Grundschulalter schon relativ verfestigt sind. Die Art und Weise einer Problembearbeitung wird wesentlich stärker durch die Persönlichkeit eines Kindes als durch andere Einflussfaktoren, wie Inhalt oder die Repräsentationsform einer Problemaufgabe, geprägt. (Fuchs 2006)

 Was ist ein Problemlösestil?
Der Begriff „Problemlösestil" umfasst bedeutend mehr als etwa das Anwenden einer heuristischen Strategie. Gemäß einer in der aktuellen Begabungsforschung mehrheitlich vertretenen ganzheitlichen Sicht auf eine „Begabung" umfasst der Problemlösestil die Art und Weise, wie

- ein Kind ein gegebenes Problem erfasst (*Informationsaufnahme und Analyse des Problems*),
- ein Kind das Problem zu lösen versucht (*Entwicklung von Lösungsansätzen und -strategien, bevorzugte Handlungsebenen beim Problemlösen, spezifischer Denk- und Arbeitsstil beim Problembearbeiten*),
- ein Kind die Lösung der Problemaufgabe darstellt und wie es diese kontrolliert

Der Begriff „Problemlösestil" schließt motivationale, volitive und weitere allgemeine Persönlichkeitseigenschaften ein (vgl. Käpnick 1998, S. 250; Fuchs 2006, S. 101).

Mathe-Asse im mittleren Schulalter lassen sich daher beim Problembearbeiten wie folgt unterscheiden (Schreiber 2020[3]):

- **Mathe-Asse, die Lösungen blitzschnell intuitiv erahnen bzw. sich intuitiv an eine Lösung herantasten**
  Charakteristisch für intuitives Problemlösen ist das blitzschnelle Erfassen des inhaltlichen Kerns einer Problemaufgabe, dann sprunghafte spontane Gedanken, die oft nicht verbal, sondern bild- oder schemenhaft sind, und eine plötzliche Lösungsidee oder Lösung. Demgemäß können intuitive Problemlöser oft auch nicht über ihre Lösungswege verbal reflektieren. Sie sagen vielmehr „Ich kann es nicht erklären. Die Lösung war auf einmal da" oder „Ich habe die Lösung gleich herausgesehen". Typisch für die „Erfinder neuer Ideen" sind zudem ihre große spontane, interessen-

---

[3] Schreiber untersucht diese Thematik zurzeit im Rahmen ihrer Promotion. Hier wird ihr aktueller Erkenntnisstand zur Unterscheidung von Problemlösestilen bei Mathe-Assen im mittleren Schulalter stark verkürzt und grob zusammengefasst.

geleitete Begeisterung für eine Problemaufgabe, gepaart mit viel Temperament, ebenso lückenhafte Lösungsdarstellungen, eine chaotische Heftführung und ein geringes Bedürfnis, Lösungen zu prüfen und zu begründen.

- **Mathe-Asse, die abwechselnd überlegen und probieren**

  Der am häufigsten vorkommende Problemlösestil ist das „abwechselnde Probieren und Überlegen" (Fuchs 2006, S. 250). Diese Vorgehensweise lässt sich grob so charakterisieren: Ohne eine erfolgversprechende Lösungsidee parat zu haben, beginnt das Mathe-Ass zu probieren – häufig mittels bekannter Strukturen ähnlicher Aufgaben. Das Ziel besteht dabei im vertiefenden Verstehen der Aufgabenbedingungen und Sachzusammenhänge und im Erkennen konkreter Lösungsmuster, die das weitere Probieren deutlich reduzieren. Demgemäß reflektiert der Aufgabenbearbeiter nach kurzem Probieren über gewonnene Erkenntnisse und bestimmt hiervon ausgehend eine verbesserte Lösungsstrategie. Auf diese Weise strebt das Mathe-Ass an, in einem iterativen Prozess die Problemlösung zu erhalten. Die Phasen des Probierens sind dabei meist deutlich kürzer als die Phasen des reflektierten Überlegens und Strukturierens neuer Erkenntnisse. Die Lösungsdarstellung und -kontrolle sind demgemäß meist umfangreich und vollständig.

- **Mathe-Asse, die von Anfang an systemhaft vorgehen und konsequent nach einem Lösungsmuster suchen**

  Die „systemhaften Problembearbeitenden" sind gegenüber den intuitiven Problembearbeitenden weniger temperamentvoll. Sie sitzen nach dem ersten Vertrautmachen mit einer Problemaufgabe oft anscheinend emotionslos da und denken konzentriert nach. Ihr Anspruch besteht darin, eine „perfekte Lösung" zu erhalten. Hierzu rufen sie aus ihrem Gedächtnis ein umfangreiches Wissen über mathematische Fakten und Zusammenhänge, über Lösungsstrategien und Ähnliches mehr ab. Sie versuchen konzentriert, Muster bzw. Strukturen zu erkennen, die die richtige Lösung liefern. In der ersten Lösungsphase spielen meist intuitive Ideen eine wichtige Rolle, aber ein intuitives oder hartnäckiges Probieren passt nicht zu diesem Problemlösestil. Im Ergebnis stellen systemhafte Problemlöser ihre Lösungswege und Lösungen entweder sehr übersichtlich und vollständig oder möglichst effizient und wenn überhaupt nur sehr kurz und knapp dar.

- **Mathe-Asse, die je nach Situation verschiedene Vorgehensweisen anwenden („Misch-Typ")**

  Bei Kindern dieses Typs hängt die Art und Weise einer Problembearbeitung etwa gleichermaßen von den jeweiligen Anforderungen einer Aufgabe, von ihrer Präsentationsform (zum Beispiel Text, Grafik oder formal-abstrakt) und dem individuellen Zugang eines Kindes zur Aufgabe ab. Hieraus resultieren verschiedene Vorgehensweisen der Problembearbeitung.

Lösen Sie folgende Knobelaufgabe und reflektieren Sie anschließend über Ihren individuell bevorzugten Problemlösestil:

„Welche durch 7 teilbare natürliche Zahl lässt beim Teilen durch 2, 3, 4, 5 und 6 den Rest 1? Gibt es mehrere solche Zahlen?"

Alternativ können Sie die Aufgabe auch in Ihrem Unterricht einsetzen und dann die Problemlösestile der Schülerinnen und Schüler erfassen und analysieren.

1.3.2 Geschlechtsspezifische Besonderheiten

Das Phänomen der Unterrepräsentation von Mädchen und Frauen in Förderprojekten mathematisch begabter Kinder sowie in allen mathematischen Bildungsgängen ist hinlänglich bekannt. In allen einschlägig bekannten deutschen Förderprojekten beträgt der Anteil von Mädchen zum Beispiel seit Jahrzehnten meist etwa ein Drittel. Mit gesellschaftsökonomischen Konstellationen oder mit geschlechtsspezifischen genetischen Unterschieden lässt sich das Phänomen kaum begründen

(Benölken 2011, S. 95–96). Auffällige geschlechtsspezifische Besonderheiten ergeben sich aber aus tendenziellen Unterschieden zwischen mathematisch begabten Mädchen und Jungen hinsichtlich des Sozialverhaltens, des Interessenspektrums, des jeweiligen Selbstkonzepts sowie des Herangehens an mathematische Aufgaben. Hieraus lassen sich Erklärungsansätze für den geringeren Mädchenanteil ableiten.

Tendenzielle Eigenschaften weiblicher Mathe-Asse

Mathematisch begabte Mädchen

- haben ein breiteres Interessenspektrum als begabte Jungen (und fokussieren sich im Kindes- und Jugendalter oft auf ihre künstlerisch-musischen oder sprachlichen Interessen),
- haben andere (weniger „weiblich" konnotierte) Interessen als normal begabte Mädchen,
- haben eine bessere Kausalattribution in Bezug auf Mathematik als normal begabte Mädchen,
- haben kein Geschlechtsrollenbild, dem sie folgen, wodurch sie ein größeres Interesse an Mathematik zeigen als normal begabte Mädchen,
- haben ein weniger stark ausgeprägtes geschlechtsspezifisches Verhalten,
- haben in Bezug auf Mathematik ein positives Selbstkonzept,
- nähern sich einem neuen anspruchsvollen Problem vorsichtiger, behutsamer, oft auch umsichtiger als Jungen,
- sind in der Phase der Problemlösung vergleichsweise kommunikativer, tauschen sich aus und gehen vorsichtiger und oft sorgfältiger vor als Jungen,
- legen viel größeren Wert als Jungen auf eine übersichtliche, saubere und vollständige Lösungsdarstellung,
- neigen stärker als begabte Jungen dazu, ihre Lösungen verbal bzw. in Textform oder grafisch darzustellen (vgl. Benölken 2011).

1.3.3 Unterscheidung nach besonderen kognitiven und physiologischen Konstellationen

Auf der Basis vieler Fallbeispiele zu mathematisch begabten Kindern kann man differenzieren zwischen drei Typen.

Mathe-Ass Typ A

Mathe-Asse mit etwa gleich hohen mathematischen und allgemein-kognitiven einschließlich sprachlichen Kompetenzen. Auf der Grundlage eigener langjähriger Untersuchungen trifft dies auf etwa zwei Drittel aller mathematisch begabten Schülerinnen und Schüler zu.

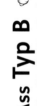

Mathe-Ass Typ B

Mathe-Asse mit einem hohen mathematischen Leistungspotenzial, insbesondere im Finden origineller Problemlösungen, und vergleichsweise deutlich geringeren sprachlichen Kompetenzen (vgl. das nachfolgende Fallbeispiel von Sven; der Anteil solcher Kinder unter den Mathe-Assen beträgt im Projekt „Mathe für kleine Asse" entsprechend einer langjährigen Statistik knapp 20 Prozent)

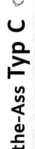

Mathe-Ass Typ C

Mathe-Asse mit zum Teil ungewöhnlichen mathematischen Potenzialen auf speziellen Gebieten, wie zum Beispiel im Umgang mit formal-abstrakten Strukturen, im Kopfrechnen oder im räumlichen Vorstellungsvermögen, und zugleich gravierenden Defiziten in anderen grundlegenden kognitiven Bereichen sowie meist im Sozialverhalten (hierzu gehören zum Beispiel autistische Kinder oder Kinder mit „Inselbegabungen", vgl. Winner 1998)

Abbildung 2: Typisierung der Mathe-Asse nach kognitiven und physiologischen Konstellationen

Sven, ein Mathe-Ass mit einer Lese-Rechtschreib-Schwäche (Käpnick 2014, S. 216–218)

Sven deutete schon im Vorschulalter seine besondere mathematische Begabung an. So erlernte er zum Beispiel bereits als Dreijähriger spielend das Zählen bis 100, beherrschte wenig später viele Additions- und Subtraktionsaufgaben in diesem Zahlenraum und erschloss sich dabei selbstständig das dezimale Stellenwertsystem. Im Alter von vier Jahren war er vom Schachspiel fasziniert. Er spielte oft gegen bedeutend ältere Kinder und wies dabei nach, dass er sich verschiedene mögliche Züge für diverse Schachspielkonstellationen eingeprägt hatte und diese geschickt zu nutzen verstand. Auf diese Weise schulte er sehr früh seine besondere Gedächtnisfähigkeit für bildhafte (nonverbale) Sachverhalte. Der individuelle Gedächtnis- und Denkstil prägt bis heute Svens Vorgehensweise beim Bearbeiten mathematischer Probleme. In den 14-tägig stattfindenden Förderstunden des Projektes „Mathe für kleine Asse" an der Universität Münster (vgl. Käpnick 2008), an denen er seit Beginn seines 3. Schuljahres regelmäßig teilnimmt, beweist Sven immer wieder, dass er sprachlich vorgegebene, oft relativ komplexe mathematische Sachverhalte sehr schnell für sich in eine bildhaft-schematische oder formal-abstrakte Repräsentationsebene übersetzen und dabei zugleich (für das mathematische Problem) unwesentliche Sachverhalte aussortieren und den „restlichen Kern" strukturieren kann. Das heißt, bereits in der Phase der ersten Informationsaufnahme strukturiert er intuitiv, ein wesentliches Merkmal kleiner Mathe-Asse (Käpnick 1998, S. 170). Dies ermöglicht ihm ein äußerst schnelles Erfassen und internes Verarbeiten von wesentlichen mathematischen Zusammenhängen, wodurch er häufig in verblüffend kurzer Zeit richtige Lösungsideen oder gar Lösungen präsentieren kann – ohne hierüber sprachlich reflektieren zu können. In einem Analysegespräch kommentiert er dieses Phänomen mit den Worten: „Ich habe so viele Dinge im Kopf, dass ich das, was ich sagen möchte, nicht rausselektieren kann." Charakteristisch ist für den Jungen weiterhin, dass er ein sehr ausgeprägtes Gefühl für Zahlen und Zahlbeziehungen sowie ein besonderes ästhetisches Gefühl für schöne mathematische Muster besitzt. Dies spiegelt sich u. a. darin wider, dass er seine kreativen Lösungsideen des Öfteren mit „cool", „lustig" oder „schön" kommentiert. Svens individueller Problemlösestil bedingt ferner, dass der Junge bevorzugt Aufgaben allein bearbeitet. Aufgrund seiner deutlichen Lese-Rechtschreib-Probleme (siehe Abbildung 4 hat sich Svens spezifische Vorgehensweise bis zum 6. Schuljahr noch verstärkt. Seine gravierenden Lese-Rechtschreib-Probleme implizieren ebenso, dass der Junge Lösungswege und Lösungen – wie im Beispiel der Abbildung 3 zu sehen – generell stark verkürzt, oft unvollständig, mitunter auch fehlerhaft (trotz richtiger Lösungsideen) darstellt und dass er es vermeidet, seine Ergebnisse anderen zu zeigen oder sie im Plenum vorzustellen.

1

1 G = 0
2 G = 0,1
3 G = 0,1,2,3
4 G = 0,1,3,5,6
5 G = 0,1,4,6,7,8,9,10
2 6 G = 0,1

Abbildung 3: Svens Lösung zum Erkunden aller Möglichkeiten für die Anzahl von Schnittpunkten bei bis zu fünf Geraden[4]

---

4 Svens sehr stark verkürzte Lösungsdarstellung bedeutet: Bei einer Geraden („1 G") gibt es null Schnittpunkte, zwei Geraden („2 G") können null oder einen Schnittpunkt haben usw. Aufgrund seines effektiven Vorgehens konnte sich Sven nach dem Erkunden aller Möglichkeiten für die Anzahl von Schnittpunkten bei einer, zwei, drei, vier, und fünf Geraden noch zusätzlich der Erkundung bei sechs Geraden zuwenden, was er dann aber nicht mehr zu Ende bringen konnte (vgl. sein Ergebnis zur von ihm betitelten Aufgabe 2). Aufgrund seines relativ gering ausgeprägten Bedürfnisses nach einem gründlichen Überprüfen seiner Ergebnisse, fehlen in der Darstellung übrigens zwei Lösungsmöglichkeiten.

Ole hat immer 2 Aufgaben nach ein und demselben Muster zusammengestellt.

a) Rechne.

$42 + 57 = \boxed{99}$ $\qquad$ $26 + 39 = \boxed{65}$ $\qquad$ $17 + 66 = \boxed{73}$

$47 + 52 = \boxed{99}$ $\qquad$ $29 + 36 = \boxed{65}$ $\qquad$ $16 + 67 = \boxed{73}$

b) Was stellst du fest? Begründe deine Entdeckung.

Ole hat immer die Einer getauscht. damit ein muster ennhtet.

Abbildung 4: Exemplarischer Beleg für Svens Rechtschreibprobleme im 3. Schuljahr

Svens besonderer Lernstil führte im regulären Mathematikunterricht dazu, dass seine Lehrerin das große mathematische Potenzial des Jungen nur zum Teil erkannte und würdigte, dafür umso mehr seine Sprachdefizite bemängelte und das Hauptaugenmerk auf die Überwindung seiner Schwächen legte. Der Junge reagierte hierauf jedoch mit Vermeidungs-, Ausweich- und Verweigerungsstrategien sowie einer gezielten Suche nach Chancen, seine Interessen zu befriedigen und seine besonderen Potenziale auszutesten, was ihn letztlich zum Förderprojekt „Mathe für kleine Asse" führte. Hier konnte er seine besondere mathematische Begabung u. a. mit folgenden Diagnoseergebnissen belegen:

- *Im Einstiegstest der von Lehrkräften nominierten leistungsstärksten Drittklässler aus zehn Münsteraner Grundschulen erreichte er unter 49 Drittklässlern den 9. Rangplatz.*
- *Im Indikatoraufgabentest (vgl. Käpnick 2001, S. 167–182) erzielte er den 11. Rangplatz unter 66 mathematisch begabten Dritt- und Viertklässlern.*
- *In einem speziellen Test zur Raumvorstellung belegte Sven den 17. Rangplatz unter 62 mathematisch begabten Dritt- und Viertklässlern.*

 Reflektieren Sie, ob Sie vergleichbare Schülerinnen und Schüler aus Ihrem Unterricht kennen und ob es Ihnen im täglichen Unterricht gelingt, ihre Besonderheiten zu erkennen und darauf in angemessener Weise im Unterricht einzugehen.

1.3.4 Klassifikation nach Sozialkompetenzen

Soziologische Untersuchungen zeigten wiederholt auf, dass die Sozialkompetenzen (hoch)begabter Schülerinnen und Schüler sehr unterschiedlich sind (Käpnick 1998, S. 84). Als eine grobe Orientierungshilfe kann eine Unterscheidung von zwei Typen dienen (siehe Abbildung 5).

Mathe-Ass Typ 1

Begabte Schülerinnen und Schüler mit einer „mäßig beschleunigten intellektuellen Entwicklung" haben meist gute Interaktionskompetenzen. Sie sind besser als andere Kinder fähig, ihren eigenen und den sozialen Status ihrer Mitschülerinnen und Mitschüler einzuschätzen. Demgemäß können sie Bedürfnisse anderer meist leicht erkennen und sensibel auf Bedarfe anderer eingehen (Roedell 1989, S. 20; Czeschlik 1993, S. 155). Dies gelingt ihnen auch deshalb, weil sie häufig gleichartige Tätigkeiten, Freizeitinteressen und Spielgewohnheiten wie „normal begabte" Kinder haben, gleichwohl sie tendenziell stärker als durchschnittlich Begabte kognitive Tätigkeiten bevorzugen. Kinder mit einer „mäßig beschleunigten Entwicklung" sind meist unter Mitschülerinnen und Mitschülern (und unter Lehrkräften) beliebt, sie sind emotional stabil sowie in der Schule und im späteren Leben in der Regel erfolgreich (Roedell 1989, S. 15).

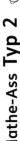

Mathe-Ass Typ 2

Dagegen haben extrem hochbegabte Kinder aufgrund ihrer sehr spezifischen Tätigkeitsprofile oft Probleme, sich in eine Klasse sozial zu integrieren. Im Unterschied zu anderen gleichaltrigen Kindern mit einem breiten Spektrum von Tätigkeiten bevorzugen hochbegabte Kinder (meist bereits im Vorschulalter) tendenziell kognitive Tätigkeiten wie Lesen oder Knobeln mit Zahlen und Formen. Sie interessieren sich – mitunter einseitig – für spezielle mathematische, geografische, biologische oder historische Themen. Da sie wegen ihrer kognitiven Akzeleration (→ Glossar) selten adäquate Spielkameraden finden, sind sie oft schon frühzeitig mehr auf sich selbst angewiesen (Rost, Hanses 1994, S. 215). Ein anderes Problem besteht darin, dass sich bei den Kindern eine große Diskrepanz zwischen dem Niveau ihrer intellektuellen Fähigkeiten und ihrer physischen Entwicklung herausbilden kann (Roedell 1989, S. 15). Zur körperlichen Unbeholfenheit kommt bei hochbegabten Kindern vielfach die Neigung hinzu, ihre physischen Fähigkeiten zu überschätzen. Sie nehmen sich Vorhaben vor, die über ihre körperlichen Kräfte hinausgehen. Dadurch bereiten sie sich selbst Frustrationen, weil sie ihre Wünsche nur unbefriedigend realisieren können (Roedell 1989, S. 15). Hinzu kommt, dass Kinder mit einem sehr hohen geistigen Potenzial, aber Defiziten in sozialen Bereichen oft nicht in der Lage sind, ihre spezifischen Bedürfnisse und Gefühle anderen mitzuteilen wie auch andersartige Interessen und Empfindungen gleichaltriger Mitschülerinnen und Mitschüler zu verstehen. Unter dieser Diskrepanz leiden die betroffenen Kinder, während Mitschülerinnen und Mitschüler, Eltern oder vielfach auch Lehrkräfte irritiert und hilflos reagieren.

Abbildung 5: Typisierung der Mathe-Asse nach Sozialkompetenzen

Sicher könnte man die reale Vielfalt der verschiedenen individuellen Ausprägungen mathematischer Begabungen im Kindesalter noch nach anderen Kriterien, wie zum Beispiel nach Leistungsniveaus im Kontext mathematischer Allgemeinbildung oder nach prägenden intrapersonalen Einflussfaktoren, unterscheiden. Als Grundorientierung und für das Verständnis der folgenden Kapitel erscheinen uns die vorgenommenen Klassifikationen aber ausreichend differenziert und umfangreich.

2 Mathe-Asse im Übergang von der Grundschule in die Mittelstufe

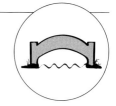

Übergänge von einer Bildungseinrichtung auf eine andere sind für Kinder generell einschneidende Ereignisse. Sie beziehen sich nicht nur auf gravierende Veränderungen hinsichtlich kognitiver Anforderungen (und natürlich auch Möglichkeiten), sondern ebenso auf verschiedene neuartige soziale und soziologische Herausforderungen, auf Veränderungen von Tagesabläufen und vieles andere mehr (vgl. zum Beispiel Sirsch 2000, van Ophuysen 2008). Zahlreiche empirische Studien zeigen auf, dass Kinder häufig sehr verschiedenartige Probleme beim Bewältigen der mannigfaltigen „Übergangsherausforderungen" haben. Hierum wissend, bemühen sich pädagogische Fachkräfte in Kitas, Grund- und weiterführenden Schulen in besonderer Weise darum, die Übergänge für Kinder behutsam und sensibel zu gestalten. Der Fokus liegt dabei zumeist auf Kindern mit besonderen Förderbedarfen. Sehr leistungsstarke Kinder oder Kinder mit besonderen Leistungspotenzialen werden dagegen eher vernachlässigt, weil Lehrkräfte fälschlicherweise oft davon ausgehen, dass diese Kinder die Herausforderungen der Übergänge problemlos meistern (zum Beispiel Käpnick 1998, Sjuts 2017). Dass dies ein großer Irrtum ist, belegen jedoch zahlreiche Einzelfallstudien zu mathematisch sehr leistungsstarken bzw. begabten Kindern, wie das Beispiel von Leo zeigt:

Leo ist unterfordert[5]

Leo war schon im Vor- und im Grundschulalter äußerst wissbegierig – egal, ob es sich um mathematische, um technische oder um politische Themen handelte. Seine Eltern berichteten: „Hatte ihn ein Problem gepackt, so suchte er mithilfe von Büchern, Zeitschriften, Internetsuchmaschinen, … vehement nach Lösungen." Eine besonders große Leidenschaft entwickelte der Junge seit dem Vorschulalter für die „Welt der Zahlen und Formen". So erforschte er selbstständig verschiedene mathematische Themen, suchte zu Hause in Büchern oder im Internet Knobelaufgaben und versuchte, diese stets allein zu lösen. Als Fünftklässler reflektierte er über sein diesbezügliches Problemlöseverhalten: „Manchmal da denke ich mir das einfach nur aus und da sagt irgendjemand irgendwas und dann fällt mir auf einmal irgend 'ne Lösung ein und dann weiß ich auch nicht: häh? Wo kommt die jetzt her, wie bin ich da jetzt draufgekommen? … Und wenn das so eine richtig schwere Aufgabe ist, wo du dann irgendwie 'ne halbe Stunde dransitzt, dann, nach einer Viertelstunde, bin ich dann weg, also dann denke ich an ganz andere Sachen und komm dann meistens eher zufällig auf die Lösung oder versuche mich dann irgendwie wieder zur Aufgabe zu reißen." Diese Selbstreflexion beschreibt gut Leos früh ausgeprägte und verfestigte Leidenschaft für ein anspruchsvolles mathematisches Knobeln wie auch seinen bevorzugten intuitiven Problemlösestil. Sein Grundschullehrerin charakterisierte das kleine Mathe-Ass dagegen so: „Leos Motivation und Anstrengungsbereitschaft im Mathematikunterricht sind sehr schwankend. Er gibt schnell auf, wenn ihm etwas nicht gelingt oder er keine Lust hat. Seinen Lernstil kann man als ‚chaotisch' einschätzen, chaotisch ist auch seine Heftführung." Bezüglich dieser Charakterisierung ist zu beachten, dass sich die Lehrerin im Mathematikunterricht [vermutlich] hauptsächlich um die Kinder mit größeren Lernbedarfen kümmerte. Leo zählte nicht hierzu. Er erfasste in der Regel schnell alle neu zu erarbeitenden Themen oder war schon vorher mit ihnen gut vertraut. Also ließ die Lehrerin den Jungen im Unterricht meist „links liegen" und der Junge blieb sich selbst überlassen – so entwickelte Leo sukzessiv ein lustbetontes Lernen, eine chaotische Heftführung (die aber vor allem auf seinem intuitiven Problemlösestil basierte) und auch ein Gefühl der zunehmenden geringen Wert-

[5] Das Fallbeispiel ist in stark verkürzter Form aus Sjuts (2017, S. 319–338) entnommen.

schätzung durch seine Lehrerin, ebenso durch seine Mitschüler. Um Anerkennung unter den Mitschülern zu bekommen, versuchte Leo, sich in den Pausen mit anderen Kindern über die ihn interessierenden Themen auszutauschen. Aber seine Kurzvorträge über mathematische Phänomene, über physikalische Gesetze oder globale Herausforderungen der Menschheit interessierten die anderen Kinder nicht. So fühlte sich der Junge im Grundschulunterricht meist unterfordert, von seiner Lehrerin und den Mitschülern oft missverstanden – und sehnte den Wechsel auf ein Gymnasium herbei. Der Übergang auf das Gymnasium verlief zunächst auch problemlos. Leo hatte keine Probleme mit der deutlich erhöhten Stundenzahl, mit den längeren Schultagen, mit den zahlreichen neuen Lehrkräften (Fachlehrerprinzip) oder den Lernanforderungen in den verschiedenen Fächern. Er erhielt konstant sehr gute und gute Noten und empfand die ersten Wochen auf dem Gymnasium als „Himmel auf Erden". Aber bald zeigten sich ähnliche Probleme, wie sie das Mathe-Ass schon von der Grundschule her kannte: häufige Unterforderung im Unterricht, vor allem im Fach Mathematik, wenig Aufmerksamkeit und Zuwendung durch die Lehrkräfte, die wiederum vor allem auf Kinder mit erhöhten Lernbedarfen fokussiert waren, zunehmende soziale Probleme mit seinen Mitschülern, die Leo mit „anstrengenden" intellektuellen Fragen und Statements überforderte, ratlose Eltern, ...

Das Fallbeispiel verdeutlicht zugleich die hohe Komplexität der Herausforderungen in der Phase des Übergangs von der Grundschule in eine weiterführende Schule. Griebel und Niesel kennzeichnen diese Entwicklungsphase als vielschichtigen, ineinander übergehenden und „spannungsgeladenen" Wandlungsprozess:

„Transitionen sind Lebensereignisse, die die Bewältigung von Diskontinuitäten auf mehreren Ebenen erfordern, Prozesse beschleunigen, intensiviertes Lernen anregen und als bedeutsame biografische Erfahrungen von Wandel in der Identitätsentwicklung wahrgenommen werden."
(Griebel, Niesel 2011, S. 37–38)

Hinsichtlich der Vielschichtigkeit der Transitionen können drei Ebenen unterschieden werden: die individuelle Ebene (des Einzelnen), die interaktionelle Ebene (der sozialen Beziehungen) und die kontextuelle Ebene (der Lebensumwelten). (Griebel, Niesel, 2004, S. 35)

Ebenen der Bewältigung von Transitionen (Übergängen)

Ebene des Einzelnen (individuell)

Ebene der sozialen Beziehung (interaktionell)

Ebene der Lebensumwelten (kontextuell)

Abbildung 6: Ebenen der Bewältigung von Transitionen

In dem von Griebel und Niesel entwickelten Transitionsmodell spiegelt sich die Komplexität der wechselseitigen Beziehungen aller beteiligten Akteure (Kinder, Eltern, Bildungsinstitutionen und deren Fachkräfte, soziale Netzwerke) wider:

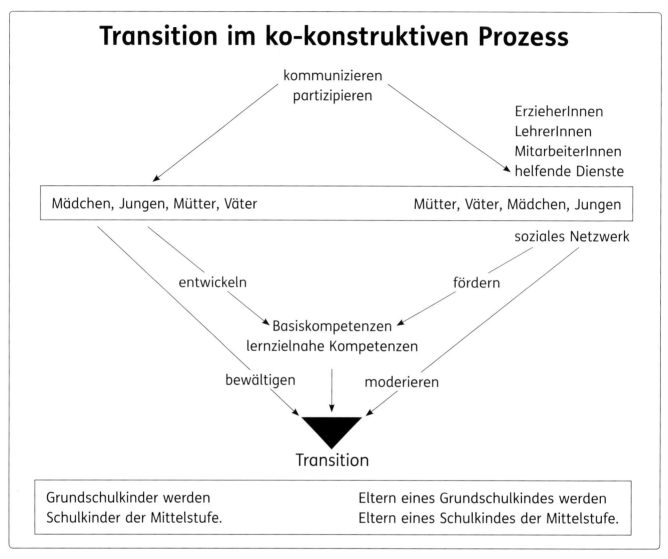

Abbildung 7: Transition als ko-konstruktiver Prozess (Griebel, Niesel 2004, S.120) adaptiert auf den Übergang von der Grundschule zur weiterführenden Schule

Für das Transitionsmodell bzw. für die Übergangsgestaltung sind folgende Aspekte zu beachten:
- Transitionen sind ko-konstruktive Prozesse, in die alle daran beteiligten Personenkreise partizipierend einbezogen werden und zusammenwirken.
- Kinder müssen die Aufgaben des Übergangs auf drei Ebenen (individuell, interaktionell, kontextuell) bewältigen. Prinzipiell gilt dies ebenso für die Eltern, die zudem eine Doppelrolle innehaben. Sie sind mit den eigenen Übergangsherausforderungen konfrontiert und helfen gleichzeitig den Kindern bestmöglich beim Bewältigen von deren Problemen.
- Die Hauptaufgaben der Lehrkräfte sowie anderer sozialer Netzwerke besteht darin, eine erfolgreiche Übergangsbewältigung für jedes Kind zu organisieren, zu begleiten und zu fördern. Hierfür müssen sie eine konstruktive Kommunikation und Kooperation mit allen Personenkreisen entwickeln. Transitionsbewältigung umfasst somit das gesamte soziale System.

Für die Mathematiklehrkräfte ergeben sich in Bezug auf eine begabungsfördernde Gestaltung des Übergangs von der Grundschule auf eine weiterführende Schule vor allem folgende, in wechselseitigen Zusammenhängen stehende konzeptionelle Aufgaben (siehe Kasten, Seite 26).

Die nachfolgende Auflistung der vielschichtigen Aufgaben mag angesichts der sonstigen und unbestritten ebenso relevanten Herausforderungen, die eine Lehrkraft im Schulalltag zu bewältigen hat, überfordernd wirken. Die Aufgaben sind unseres Erachtens jedoch leistbar, weil die ersten beiden Aufgaben ohnehin zu den pädagogischen Hauptaufgaben einer Lehrkraft gehören, Sie hierfür in diesem Ratgeber konkrete Aufgabenmaterialien erhalten und weil das Umsetzen der dritten Aufgabe zwar zunächst einen erhöhten Aufwand für die Unterrichtsplanung, dann jedoch auch eine Entlastung im Unterricht bringen kann. Ebenso bedeuten die beiden letzten Aufgaben keine nennenswerte Mehrbelastung. Diesbezüglich sollten nur in Abstimmung mit der Schulleitung und mit allen Lehrkräften effektive inner- und außerschulische Netzwerkstrukturen aufgebaut werden.

👉 Aufgaben für Mathematiklehrkräfte:

☑ *ein differenziertes Erfassen besonderer mathematischer Begabungen im ersten Halbjahr in der weiterführenden Schule:*
Für die Kompetenzerfassung der mathematikspezifischen Begabungsmerkmale im ersten Halbjahr der 5. Klasse bietet sich der Einsatz der Indikatoraufgaben an, die Käpnick für mathematisch (hoch)begabte Kinder der 3. und 4. Klasse entwickelte (Käpnick 2001, S. 165–182). Im zweiten Halbjahr der 5. und in der 6. Klasse können die Indikatoraufgaben dieses Buches genutzt werden (siehe „Indikatoraufgabentest Teil 1 und 2" im Anhang). Für das Erfassen begabungsstützender Persönlichkeitseigenschaften sowie der inter- und intrapersonalen Einflussfaktoren sind Schüler- und Elterninterviews empfehlenswert. Leitfragen für diese Interviews findet man ebenfalls in: Käpnick 2001, S. 183–186.

☑ *eine potenzialfördernde Gestaltung des regulären Mathematikunterrichts:*
Hierfür eignen sich insbesondere offene substanzielle Aufgaben (→ Glossar), die im Sinne der natürlichen Differenzierung (→ Glossar) im Regelunterricht eingesetzt werden (siehe Kapitel 4), weiterhin binnendifferenzierende Formate sowie Peer-Teaching und Ähnliches.

☑ *ein geschicktes Nutzen kleiner Mathe-Asse für eine Bereicherung des regulären* Mathematikunterrichts:
So könnten kleine Mathe-Asse zum Beispiel Kurzvorträge zu speziellen mathematischen Themen halten, Spezialaufgaben in Projekten oder Lernpatenschaften übernehmen.

☑ *das Nutzen besonderer schulischer Organisationsformate für forschendes Lernen:*
Viele Schulen haben für eine begabungsfördernde und differenzierende Gestaltung des Mathematik- bzw. MINT-Unterrichts im 5. und 6. Schuljahr bereits sehr erfolgreich wirkende Forscherwerkstätten, Schülerlabore oder Arbeitsgemeinschaften etabliert, die Kindern generell ein forschendes, selbstorganisiertes und selbstbestimmtes Lernen in verschiedenen Sozialformen ermöglichen (vgl. den jährlich aktualisierten Schülerlabor-Atlas: www.schuelerlabor-atlas.de).

☑ *das Nutzen außerschulischer Förderprojekte für begabte Schülerinnen und Schüler:*
Hierfür gibt es in vielen Regionen „Netzwerk-Arbeitsgemeinschaften" oder spezielle Förderangebote von Universitäten, ebenso haben sich vielerorts diverse Wettbewerbe, Feriencamps, „Tage der Mathematik" und Ähnliches mehr etabliert, die von den Mathe-Assen gern angenommen werden.

3 Mathe-Asse im Regelunterricht erkennen und erfassen

Das Erkennen und das individuelle Fördern einer (mathematischen) Begabung hängen wechselseitig sehr eng zusammen. Je differenzierter die Einschätzung der spezifischen Ausprägung einer Begabung, desto besser gelingt die individuelle Förderung. Die Effekte der Förderung sollten wiederum differenziert erfasst und analysiert werden, um auf Basis dieser prozessbegleitenden Diagnostik jede Schülerin und jeden Schüler individuell fördern zu können. So gesehen und in Übereinstimmung mit unserer Modellierung ist das Erfassen bzw. Diagnostizieren[6] mathematischer Begabungen ein stetiger, sehr komplexer und systemischer Prozess. Für diesen Prozess sind für Sie als Fachlehrkraft und in Bezug auf den regulären Mathematikunterricht folgende Erfassungsmethoden empfehlenswert:

Abbildung 8: Bausteine eines prozessorientierten Erkennens besonderer mathematischer Potenziale

Die einzelnen Möglichkeiten des Erkennens folgen keiner hierarchischen Struktur, sondern können wie einzelne Bausteine (oder Puzzleteile) in verschiedener Reihenfolge und je nach dem jeweiligen Informationsstand zu den Schülerinnen und Schülern, deren Ausgangslagen und den Bedingungen vor Ort eingesetzt und kombiniert werden. Wichtig ist hierbei stets ein ganzheitliches Vorgehen, um ein möglichst umfassendes, alle wesentlichen Entwicklungsaspekte berücksichtigendes Begabungsprofil zu gewinnen. So kann zugleich den Unzulänglichkeiten bzw. relativen Einseitigkeiten einzelner Erfassungsergebnisse entgegengewirkt werden.

---

[6] Der Begriff „Diagnose" hat oft einen medizinischen oder therapeutischen Hintergrund und wird somit häufig mit normierten und standardisierten Testungen zum Diagnostizieren von Schwächen und Entwicklungsproblemen bzw. wie im Falle von Hochbegabungen mit dem Einsatz von IQ-Tests in Verbindung gebracht. Mit Blick auf eine ganzheitliche Persönlichkeitsentwicklung wäre dies aus unserer Sicht aber zu einseitig und entspräche nicht unserem ressourcenorientierten Ansatz. Deshalb sprechen wir anstelle von *Diagnostizieren* besser vom *Erkennen* einer mathematischen Begabung.

Die sechs Bausteine eines prozessorientierten Erkennens von Begabungen ausführlich zu erläutern, würde den Rahmen dieses Leitfadens sprengen. Wesentliche Aspekte wie auch konkrete Hinweise zu den Bausteinen Lehrkräfte-, Eltern- und Schülerbefragungen sowie zu spezifischen Vorzügen und Grenzen verschiedener Erfassungsquellen und -methoden sind zu finden in: Käpnick, Fritzlar, Rodeck 2006, S. 180-191. Mit Blick auf den Regelunterricht folgen konkrete Empfehlungen für die Bausteine „Beobachtungen beim Problemlösen", „Einsatz von Indikatoraufgaben", „Schülerbefragungen" und „Selbstreflexionen".

3.1 Beobachtungen beim Problemlösen

Schülerinnen und Schüler können immer dann ihre mathematischen Potenziale sehr gut entwickeln und aufzeigen, wenn sie in eine dementsprechende Anforderungssituation versetzt sind. Hierfür eignen sich offene mathematische Problemaufgaben im regulären Mathematikunterricht besonders gut. Im Vergleich zu standardisierten oder halbstandardisierten Testungen können sich die Kinder stressfrei und ohne Zeitdruck mit den Aufgaben beschäftigen. Zudem haben sie die Möglichkeit, selbst über die Nutzung von Lernmitteln, die soziale Lernform, einen Lösungsweg und die Darstellung von Aufgabenergebnissen zu bestimmen.

„Damit unsere Kinder all die vielen Talente und Begabungen entfalten können, die in ihnen angelegt sind, müssten wir sie ohne Ängste und Sorgen und ohne vorgefertigte Vorstellungen und Absichten anschauen. Dazu müssten wir uns auf sie einlassen und mit ihnen wirklich in Beziehung treten. ... Es müsste eine Beziehung sein, in der sich zwei Menschen begegnen, die zwar verschieden sind, aber bereit, voneinander zu lernen."
(Hüther, Hauser 2012, S. 32)

Sie als Lehrkraft haben sehr gute Chancen, die mathematischen Begabungspotenziale und spezifische individuelle Ausprägung einer Begabung, insbesondere den Problemlösestil, durch Beobachtungen zu erfassen.

 Achten Sie beim Beobachten auf
- einen positiven und wertschätzenden Blick auf das Kind,
- Ihre eigene Empathiefähigkeit,
- das Wahrnehmen des Kindes als aktiver Gestalter seiner eigenen Entwicklung,
- wertfreies Beobachten,
- die Selbstreflexion und die Reflexion im Team.

Für Dokumentationen empfehlen wir u.a.:
- Aufzeichnungen während oder nach den Beobachtungen anzufertigen,
- auch Foto- und Videodokumentation zu nutzen,
- unterschiedliche Beobachtungs- und Dokumentationsverfahren einzusetzen,
- mit dem Kind und den Eltern Gespräche über Beobachtungs- und Dokumentationsergebnisse zu führen.

Um diese Beobachtungsergebnisse effektiv zu dokumentieren, empfehlen wir Ihnen die Nutzung eines Beobachtungsrasters (siehe Anhang „Beobachtungsprotokoll: Bist du ein Mathe-Ass?"). In diesem Raster können Sie verschiedene Niveaueinschätzungen zu den mathematikspezifischen Begabungsmerkmalen, den begabungsstützenden Persönlichkeits-eigenschaften, zum individuell bevorzugten Problemlösestil und zur sozialen Lernform vornehmen.

Konkrete Nutzungshinweise für das Beobachten und die Nutzung des Beobachtungsrasters:

- Beobachtungen sollten sowohl situativ (ungerichtet) als auch planmäßig und zielorientiert (gerichtet) durchgeführt werden.
- Auf der Basis der Beobachtungsbögen können in regelmäßigen Abständen konkrete (gerichtete) Beobachtungen bzw. Einschätzungen vorgenommen werden.
- Auch ungerichtete Beobachtungen können im Nachhinein in den entsprechenden Bögen dokumentiert werden.
- Die Beobachtungsbögen für jede Schülerin und jeden Schüler können Sie in einer Mappe sammeln und zum Abschluss des Halbjahres und des Schuljahres vergleichen. So stellen sich gegebenenfalls Entwicklungen der Mathe-Asse oder auch spezielle Probleme bzw. Problemphasen heraus.
- Die Ergebnisse einer Beobachtung sollten Sie aufgrund ihrer unvermeidlichen Subjektivität stets mit den Resultaten anderer Erfassungsmethoden vergleichen.

 Setzen Sie eine substanzielle Problemaufgabe (zum Beispiel eine Forscheraufgabe aus dem Aufgabenfeld „Zahlenteilerspiel", siehe Kapitel 4.3) ein und testen Sie, inwiefern es Ihnen gelingt, im Regelunterricht durch Beobachten eines Kindes seinen Problemlösestil und sein Lernverhalten zu erfassen.
Reflektieren Sie auch, inwiefern Sie die angegeben Tipps beim Beobachten umsetzen konnten.

3.2 Einsatz von Indikatoraufgaben

Die Indikatoraufgaben in diesem Leitfaden dienen dem differenzierten Erfassen des erreichten Entwicklungsniveaus bezüglich der mathematikspezifischen Begabungsmerkmale bei Schülerinnen und Schülern der Jahrgänge 5 bis 8. Die Aufgaben sind so konzipiert, dass mit jeder Aufgabe bzw. jeder Teilaufgabe vorrangig ein Merkmal „abgetestet" wird. Demgemäß enthält der Indikatoraufgabentest einzelne „abgeschlossene" Aufgaben, wie zum Beispiel zur Fähigkeit im Speichern mathematischer Sachverhalte im Arbeitsgedächtnis unter Nutzung erkannter Strukturen.

☞ Messinstrument: Indikatoraufgaben

Die verwendeten Indikatoraufgaben sind halbstandardisiert. Das heißt, die drei Gütekriterien sind zumeist gewährleistet:

- *Objektivität* bezüglich der Durchführung, der Auswertung und zum Teil der Interpretation der Ergebnisse
- inhaltliche *Validität*, also die Gültigkeit hinsichtlich des Erfassens einer bestimmten Fähigkeit durch das Bearbeiten einer konkreten Indikatoraufgabe

> ● teilweise *Reliabilität* bzw. Zuverlässigkeit des Erfassens bestimmter Merkmale
>
> Es besteht jedoch keine statistische Überprüfbarkeit. Indikatoraufgaben stellen keinen normierten Test dar, sodass kleine Freiräume, zum Beispiel ein mitunter unverzichtbares „Fingerspitzengefühl" hinsichtlich der Punktbewertung von Aufgabenlösungen, gegeben sind. Um dennoch eine prinzipielle objektive Vergleichbarkeit der Schülerleistungen zu gewährleisten, sind für den Einsatz der Aufgaben einheitliche sprachliche Instruktionen, eindeutige Festlegungen zur Nutzung von Hilfsmitteln und zu den Bearbeitungszeiten sowie einheitliche Festlegungen für Punktbewertungen zu den Schülerlösungen vorgegeben (siehe „Bewertungsbogen (Teil 1 und 2)" im Anhang).

Einige Hinweise für den Einsatz der Indikatoraufgaben:

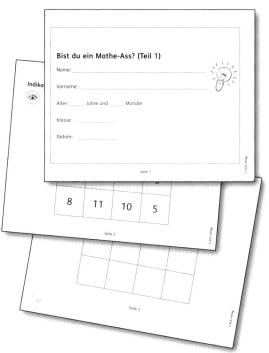

● Die Indikatoraufgaben eignen sich als Einzel- oder Gruppentest mit maximal 25 Schülerinnen und Schülern.

● Die Aufgaben sollten frühestens am Ende der 5. Klasse bzw. nur bei potenziell Hochbegabten eingesetzt werden. So entgehen Sie der Gefahr von Frusterlebnissen durch Überforderung. Zugleich eignen sich einige Aufgaben durchaus für alle Kinder eines Jahrgangs, um deren mathematische Potenziale zu erfassen (wie zum Beispiel die Aufgaben zum Einprägen mathematischer Sachverhalte im Arbeitsgedächtnis). Zudem können mithilfe des Indikatoraufgabentests gegebenenfalls Underachiever entdeckt werden. Insofern erfordert der Einsatz der Indikatoraufgaben prinzipiell eine gründliche Planung und eine gewisse Sensibilität seitens der Lehrkraft.

● Die Indikatoraufgaben teilen sich in zwei Blöcke, damit jeder Aufgabenblock innerhalb einer Unterrichtsstunde bearbeitet werden kann. Alternativ können Sie die Aufgaben ebenso in mehrere Unterblöcke teilen oder eine einzelne Aufgabe einsetzen. Dabei ist zu bedenken, dass das Lösen mehrerer Aufgaben in einem Block auch erhöhte Konzentrations- und Ausdauerfähigkeiten erfordert. Für jüngere potenzielle Mathe-Asse eignen sich somit eher weniger oder einzelne Aufgaben.

● Da die Bewertung der Aufgabenlösungen nicht altersnormiert ist bzw. nicht objektiv dem Alter der Schülerinnen und Schüler angepasst ist, sollten Sie zumindest grob die Lösungen altersgemäß unterscheiden.

● Prüfen Sie gegebenenfalls vor dem Einsatz einer Aufgabe, ob die gestellten Anforderungen zu leisten sind. Eine von vornherein einkalkulierte Überforderung sollte auf jeden Fall vermieden werden.

● Obwohl wir eine detaillierte und eindeutige Punktbewertung vorgegeben haben (siehe „Bewertungsbogen (Teil 1 und 2)" im Anhang), werden Schülerinnen und Schüler unerwartete, „halbrichtige" Lösungen oder im „Kern richtige" und wertvolle Ideen entwickeln, die nicht zum vorgegebenen Bewertungsschema passen. Deshalb sollten Sie versuchen, nach der Testung ihre Lösungsstrategien im Gespräch zu erfragen. Dies ist auch deshalb sinnvoll und oft notwendig, weil viele begabte Kinder dazu neigen, keine oder nur bruchstückhaft Lösungswege aufzuschreiben. Daraus ergibt sich das Problem, dass mitunter gute Ideen von Kindern im Verborgenen bleiben.

Letztlich sei nochmals angemerkt, dass die Ergebnisse des Indikatoraufgabentests im Vergleich zu den Beobachtungsresultaten zwar deutlich objektiver sind. Dennoch sind sie (nur) als ein Puzzleteil des prozessbezogenen Erfassens der mathematischen Begabung einer Schülerin oder eines Schülers anzusehen – mit generellen Problemen der Erfassungsmethode. Hierzu gehört, dass ein Kind möglicherweise den Inhalt einer Aufgabe nicht korrekt versteht und deshalb eine Lösung angibt, die nicht seinem Potenzial entspricht bzw. nicht „gerecht" mit dem Raster bewertet wird. Eine andere Problematik besteht darin, dass der Test eine Momentaufnahme ist. Es kann nicht ausgeschlossen werden, dass ein Kind zu diesem Zeitpunkt aus bestimmten Gründen unkonzentriert ist.

3.3 Schülerbefragungen

Eine wichtige Informationsquelle für das Erfassen der mathematischen Begabung ist zweifellos das Kind selbst. Es kann sowohl den aktuellen Stand als auch die bisherige Entwicklung seiner mathematischen Leistungspotenziale, ebenso seiner Persönlichkeitsprägung, sein Lernverhalten beim Problembearbeiten und bei anderen mathematischen Tätigkeiten sowie Umwelteinflüsse differenziert einschätzen. Diese Selbstreflexionen sind zwar subjektiv, im mittleren Schulalter sollten Schülerinnen und Schüler aber auch zunehmend zu objektiveren Einschätzungen fähig sein. Um die Problematik der Subjektivität gering zu halten, empfiehlt es sich ohnehin, insbesondere nach Fakten und weniger nach Wertungen zu fragen. Die Hauptinhalte und die Form einer Befragung können in Abhängigkeit von der jeweiligen Zielsetzung sehr unterschiedlich sein.

Die nachfolgenden authentischen Auszüge aus Leitfadeninterviews mit Kindern aus dem Projekt „Mathe für kleine Asse" können exemplarisch solche Auffassungen, Einstellungen, Selbstkonzepte, aber auch schon verfestigte Denk- und Arbeitsstile von Schülern aufzeigen (Käpnick 2018):

Was ist für dich Mathematik?

Mathematik ist ein ziemlich großer Teil meines Lebens geworden. Ich bin immer sehr gern zur Mathe-Uni gegangen, habe Mathe-Wettbewerbe mitgemacht und für mich ist es auch wichtig, wenn ich anderen in Mathe helfen kann. Aber für mich hat die Mathematik auch etwas Faszinierendes, wie die Unendlichkeit, die es im normalen Leben nicht gibt.

Tom (15 Jahre, 9. Schuljahr)

Wie löst du mathematische Probleme: auf die gleiche Art wie im Grundschulalter oder hast du deine Vorgehensweise inzwischen verändert?

Also früher bin ich einfach so vorgegangen, ich hab einfach alles ausprobiert. Heute suche ich danach, ob etwas gleich ist oder ob sich etwas wiederholt. Das interessiert mich dann immer, also danach suche ich meistens immer. Früher hab ich immer einfach drauflosprobiert.

Max (12 Jahre, 6. Schuljahr)

> *Hm, eigentlich habe ich meine Vorgehensweise nicht geändert. Also ich versuche, das immer so rauszukriegen, das heißt, nicht zu probieren. Also ... Systeme zu finden – ja, genau, ein System anzuwenden! Und so richtig zufrieden bin ich, wenn die Lösung perfekt ist.*
>
> Finn (12 Jahre, 6. Schuljahr)

> *„Hm, also ich denke, dass ich früher nicht so strukturiert war, wie ich es vielleicht jetzt machen würde. ... Früher war es bei mir eher so, dass ich erst mal ausprobiert habe, einfach „Erst mal drauflos!". Genau und jetzt vielleicht erst mal bisschen überlegen, was denn, wonach eigentlich richtig gefragt ist und wie man da rangehen könnte, ja!"*
>
> Janne (15 Jahre, 10. Schuljahr)

Was glaubst du, woran liegt es, dass du schwierige mathematische Probleme lösen kannst?

> *Also, ich weiß das nicht. Ich hab das schon im Kindergarten gerne gemacht. Ich hab mir das halt selbst beigebracht, also größtenteils, wie das Lesen im Kindergarten. Das hab ich mir halt auch selbst beigebracht. Und so hab ich auch die 1. Klasse übersprungen. Na ja und ich glaube auch, dass der Anfang ziemlich wichtig ist, weil, wenn sich einer in der 5. Klasse dafür interessiert, dann hätte der schlechtere Chancen als einer, der sich schon in der 2. Klasse dafür interessiert.*
>
> Max (12 Jahre, 6. Schuljahr)

> *Weil ich schon von klein auf solche Probleme bekommen habe und ich habe im Projekt viel gelernt, wie man solche Aufgaben lösen kann. Und als ich mathematische Wettbewerbe gewann, merkte ich eben so, dass mir das einfach liegt. Auch als andere im Matheprojekt zu mir sagten, dass ich eine Superidee für eine Aufgabe fand, half mir das sehr.*
>
> Tom (15 Jahre, 9. Schuljahr)

Wichtig ist in solchen Gesprächen, den Schülerinnen und Schülern stets wertschätzend zu begegnen und sie in ihren individuellen Begabungsausprägungen zu stärken. Aus den Gesprächsinhalten ergeben sich zudem oft konkrete Anregungen für eine adaptive Förderung. So könnte der 15-jährige Tom ermutigt werden, verschiedene Erklärungsansätze und Anwendungsbeispiele für „unendlich" zu erforschen und hierzu einen Kurzvortrag für den regulären Mathematikunterricht vorzubereiten.

Interpretieren Sie die Antworten und reflektieren Sie, inwiefern Ihnen Ihre Interpretationen beim Einschätzen und individuellen Fördern der mathematischen Begabung hilfreich sind.

Im Anhang finden Sie exemplarisch Leitfragen zum Erfassen der individuellen Ausprägung einer mathematischen Begabung bei Schülerinnen und Schülern im mittleren Schulalter. In den Selbstreflexionsbogen können potenzielle Mathe-Asse rückblickend eintragen, wie sie ein Aufgabenfeld oder eine anspruchsvolle Problemaufgabe bearbeiteten und welche Faktoren den Problemlöseprozess wie beeinflussten.

3.4   Selbstreflexionen

Gemäß der Leitidee, Schülerinnen und Schüler aktiv an der Gestaltung ihres Lernweges teilhaben zu lassen, müssen die Lernenden entsprechende Selbstkompetenzen erwerben.

> *Unter Selbstkompetenz verstehen wir die Fähigkeit, „in sich verändernden*
> *Zusammenhängen motiviert und aktiv gestaltend handeln zu können.*
> *Die Handlungsfähigkeit des Einzelnen hängt entscheidend von der Fähigkeit ab,*
> *Wissen und Emotionen miteinander zu verknüpfen."*
> (Künne, Sauerhering 2012, S. 7)

Demgemäß ist die Entwicklung von Selbstkompetenz ein dynamischer Prozess, der wesentlich durch erzieherische Einflüsse geprägt werden kann. So sind für eine nachhaltige Selbstkompetenzförderung (professionale) pädagogische Beziehungen sowie die Gestaltung fordernder wie zugleich fördernder Lernumgebungen von zentraler Bedeutung (Künne, Sauerhering 2012, S. 7). Unseres Erachtens sollte die Selbstkompetenz zudem die Fähigkeit zur objektiven Selbstreflexion einschließen, was im Hinblick auf das Erkennen spezifischer Potenziale der Mathe-Asse eine wertvolle Informationsquelle sein kann. Zwei empfehlenswerte Formate für das schülerreflektierende Erkennen spezifischer Ausprägungen mathematischer Leistungen sind für alle Schülerinnen und Schüler einer Klasse Portfolios und Checklisten.

3.4.1 Portfolios

Mit Portfolios werden die Schülerinnen und Schüler angeregt, eigenverantwortlich geführte Sammlungen ihrer Lernaktivitäten anzufertigen, in denen sie ihre Anstrengungen, ihre Fortschritte und Leistungsresultate auf einem oder auf mehreren mathematischen Gebieten selbst dokumentieren. Das Anfertigen und begründete Auswählen von geeigneten Arbeiten ist also Aufgabe des Kindes.

Die Arbeit mit Portfolios muss systematisch erlernt werden. Dies ist unverzichtbar, weil die Befähigung zur Selbstreflexion über das eigene Lernen eine sehr anspruchsvolle Aufgabe ist, die im Allgemeinen erst nach einem längeren kontinuierlichen Entwicklungsprozess selbstständig zu meistern ist.

Einige organisatorische und didaktische Hinweise zum Erstellen von Portfolios:
- Falls die Schülerinnen und Schüler mit Portfolios nicht vertraut sind, sollte die Lehrkraft in einer speziellen Einweisung die Funktion und die Anlage solcher Sammelmappen erläutern. Die Lernenden sollten gleichzeitig angeregt werden, ihre Portfolios selbstständig und eigenverantwortlich zu gestalten.
- Ein Portfolio sollte neben einem Titelblatt vor allem Arbeiten enthalten, die der Lernende im regulären Mathematikunterricht angefertigt hat und die er in der Rückschau auf eine Lernetappe selbst auswählt, weil es seine Kompetenzen besonders gut widerspiegelt.
- Zugleich sollten die Kinder stets ihre eigenen Ideen für ihre Portfolios entwickeln und umsetzen dürfen. So könnten Mathe-Asse zum Beispiel ihre Lieblingsknobelaufgaben oder speziellen Rechentricks aufnehmen.
- Es empfiehlt sich, etwa alle acht bis zwölf Wochen eine gemeinsame Reflexion zu den Portfolios durchzuführen, in der die Schülerinnen und Schüler ihre individuellen Portfolios, in denen sie zum Beispiel die Sammelbücher und evtl. auch ihre Checklisten aufbewahren, vorstellen und gemeinsam mit der Lehrkraft diskutieren.

 Literaturtipp

Keller, S. König, F. (2017): *Kompetenzorientierter Unterricht mit Portfolio.* Hep Verlag: Bern

---

3.4.2 Checklisten

Bei der Nutzung von Checklisten ist es generell wichtig, dass jedes Kind seine Selbsteinschätzungen aus einer kompetenzorientierten (und nicht defizitorientierten) Perspektive vornimmt. Demgemäß geben wir in der Tabelle der Mathe-Asse-Checkliste (siehe Anhang) die beiden Bewertungsmuster „Das kann ich schon!" und „Ich bin auf dem Weg!" vor. Entsprechend der Befähigung zur Selbstkompetenz können die Kinder zudem in Abhängigkeit von ihren jeweiligen individuellen Entwicklungsständen selbst entscheiden, in welcher Form sie die Selbstreflexionen dokumentieren und ob sie Lernthemen ergänzen, die sie für wichtig erachten. In einer freien Zeile unterhalb der Tabelle kann die Lehrkraft einen anerkennenden Kommentar ergänzen.

Um Kontinuität zu gewährleisten, sollten die Schülerinnen und Schüler die Checklisten mindestens einmal pro Vierteljahr ausfüllen. Die Auswertung der Selbsteinschätzungen sollte vor allem individuell erfolgen. Die Lehrkraft könnte darüber hinaus der gesamten Lerngruppe allgemeine Trends, besonders gute Leistungen und Ähnliches mehr vorstellen (Künne, Sauerhering 2012, S. 7).

4 Mathe-Asse im Regelunterricht individuell fördern

4.1 Zwei Differenzierungsformen für den Mathematikunterricht im Vergleich

Für das differenzierende Lernen aller Schülerinnen und Schüler einer Klasse, was das individuelle Fördern von Mathe-Assen einschließt, nutzen Lehrkräfte meist das Format der Binnendifferenzierung. Die konkrete Umsetzung könnte für eine Übungsstunde zur Teilbarkeit natürlicher Zahlen zum Beispiel so erfolgen:

Variante A: Binnendifferenzierung oder innere Differenzierung, Thema: Teilbarkeit
Die Lehrkraft teilt die Lerngruppe nach Leistungsniveaustufen ein: leistungsschwächere Kinder (Anforderungsbereich: Reproduzieren), durchschnittlich leistungsstarke Kinder (Anforderungsbereich: Zusammenhänge herstellen) und sehr leistungsstarke bzw. besonders begabte Kinder (Anforderungsbereich: Verallgemeinern und Reflektieren). Jede Gruppe erhält entsprechend ihrem von der Lehrkraft eingeschätzten Leistungsniveau Aufgaben zum selbstständigen individuellen Üben.

○○○○○ ○○○○○ ○○○○○ ○○○○○ ○○○○○ ○○○○○ ○○○○○
○○○○○ ○○○○○ ○○○○○ ○○○○○ ○○○○○ ○○○○○ ○○○○○

1. Von welchen Zahlen ist   a) 20   b) 37   c) 49   d) 63   ein Vielfaches?

2. a) Prüfe, ob 1, 2, 3, 4, 5, 6, 7, 8, 9 und 10 ein Teiler von 36 sind.
   b) Welche anderen Zahlen sind Teiler von 36?

Abbildung 9: Übungsaufgaben für leistungsschwächere Kinder (Anforderungsbereich: Reproduzieren)

---

1. Prüfe, ob B ein Vielfaches von A ist. *Tipp:* Du kannst auch schriftlich dividieren.

A	2	4	5	6	7	8	9	11	12	13	14	15
B	11	64	20	72	147	110	117	222	132	159	350	900

2. Teilbar oder nicht? Setze jeweils das Zeichen | oder ∤ zwischen die beiden Zahlen.

   a) 4   36   c) 7   112   e) 13   263

   b) 6   74   d) 11   352   f) 24   576

3. Ermittle von jeder Zahl alle Teiler und gib die Anzahl der Teiler an.

   a) 5   c) 32   e) 55

   b) 12   d) 39   f) 100

Abbildung 10: Übungsaufgaben für durchschnittlich leistungsstarke Kinder
(Anforderungsbereich: Zusammenhänge herstellen)

1. Teilbar oder nicht? Setze jeweils das Zeichen | oder ∤ zwischen die beiden Zahlen und begründe deine Entscheidungen.

   a) 15   95   c) 1̶7̶   319   e) 21   863   g) 3̶7̶   7̶7̶7̶

   b) 16   96   d) 19   952   f) 0   100

2. Ermittle von jeder Zahl alle Teiler und gib die Anzahl der Teiler an.

   a) 54   c) 332   e) 666   g) 1 240

   b) 120   d) 439   f) 7̶89

☆ 3. Welche natürliche Zahl bis 100 hat die meisten Teiler?

Abbildung 11: Übungsaufgaben für leistungsstarke bzw. besonders begabte Kinder
(Anforderungsbereich: Verallgemeinern und Reflektieren)

Eine Alternative zur Binnendifferenzierung stellt die natürliche Differenzierung dar. Wie eine Übung zum gleichen Lernthema umgesetzt werden könnte, verdeutlicht das Aufgabenfeld „Zahlenteilerspiel".

Variante B: Natürliche Differenzierung, Thema: Teilbarkeit mit dem Zahlenteilerspiel
Das „Zahlenteilerspiel" ist ein offenes Problemfeld, das im regulären Mathematikunterricht für alle Schülerinnen und Schüler eingesetzt werden kann, sowohl zum Erarbeiten als auch zum problemorientierten Üben der Teilbarkeit natürlicher Zahlen bzw. von Teilbarkeitsregeln.

| 1 | 2 | 3 | 4 | 5 | 6 |

Ordne die Ziffern so an, dass

a) die erste Ziffer als Zahl ein Vielfaches von 1 ist,
b) die ersten 2 Ziffern als Zahl ein Vielfaches von 2 sind,
c) die ersten 3 Ziffern als Zahl ein Vielfaches von 3 sind,
d) die ersten 4 Ziffern als Zahl ein Vielfaches von 4 sind,
e) die ersten 5 Ziffern als Zahl ein Vielfaches von 5 sind,
f) alle 6 Ziffern als Zahl ein Vielfaches von 6 sind.

Abbildung 12: Eine offene Aufgabe für alle Kinder

Hinweis:

Die Aufgabe ist Teil des „Zahlenteilerspiels" (siehe Kapitel 4.3). Es handelt sich um die exemplarische Planung einer Unterrichtsstunde bzw. Doppelstunde. Eine große Auswahl an vergleichbaren Aufgaben bzw. Aufgabenfeldern mit Kopiervorlagen und Lösungshinweisen finden Sie in den Heften von Käpnick, Auhagen, Benölken, Fuchs, Körkel, Ohmann, Schreiber, Sjuts (2021):

Forschen und Knobeln: Mathematik Klasse 5 und 6

(Bestellnummer 10685)

Vielfältige Aufgaben zu zentralen Lehrplanthemen mit didaktischer Anleitung und Lösungshinweisen

---

Forschen und Knobeln: Mathematik Klasse 7 und 8

(Bestellnummer 10686)

Vielfältige Aufgaben zu zentralen Lehrplanthemen mit didaktischer Anleitung und Lösungshinweisen

---

Darin finden Sie zu jedem Aufgabenfeld folgende Inhalte:

1. *Übersicht*: inhaltliche Schwerpunkte, benötigte Materialien und Empfehlungen zum Ablauf
2. *Kopiervorlagen*: Forscheraufgaben
3. *Tipps für die Schülerinnen und Schüler*: Zwischen zwei leere Seiten in eine Klarsichthülle gesteckt, können sie von den Kindern Stück für Stück herausgezogen werden. So wird nicht zu viel vorweggenommen.
4. *Lösungshinweise*: Lösungen und Vorschläge für Lösungswege, ergänzt durch authentische Schülerlösungen

Vergleichen Sie beide Lernarrangements. Welche Unterschiede stellen Sie fest?

Binnendifferenzierung   *versus*   Natürliche Differenzierung

Merkmale

Binnendifferenzierung

- Es werden für eine bestimmte Zeit relativ homogene Lerngruppen gebildet.
- Die Lerngruppen erhalten unterschiedlich schwere Aufgaben. Die leistungsstarken Kinder lösen zum Beispiel anspruchsvolle Problemaufgaben, während Kinder mit Rechenproblemen Aufgaben auf niedrigerem Abstraktionsniveau, mit geringerer Komplexität lösen.
- Die Kinder wählen eine Differenzierungsstufe gemäß ihren jeweiligen Leistungspotenzialen oder die Lehrkraft teilt diese zu.
- Die Wahl der Differenzierungsniveaus sowie gegebenenfalls die Zuteilung der Aufgaben erfolgt durch die Lehrkraft.
- Häufig erhalten sehr leistungsstarke Kinder zusätzlich Sternchen-Aufgaben (wie in Abbildung 11, Seite 36).

Natürliche Differenzierung

- Die Lerngruppe bleibt heterogen (→ Glossar).
- Alle Kinder erhalten das gleiche Aufgabenangebot, das aber vielfältige Möglichkeiten zum Erforschen und Rechnen und damit Aufgaben unterschiedlicher Schwierigkeitsgrade enthält.
- Jedes Kind kann die Aufgaben gemäß seinen Voraussetzungen bearbeiten und hat dabei Chancen, erfolgreich zu sein.
- Die zu bearbeitenden Aufgaben sind offene, substanzielle Problemaufgaben mit Möglichkeiten zum Finden und Lösen von Anschlussproblemen.
- Die Differenzierung erfolgt vom Kind aus. Jedes Kind kann selbst bestimmen, wie tief es in ein Aufgabenfeld eindringt, welche Lernmittel es nutzt, welche Lösungswege es anwendet und wie es seine Lösung darstellt. Die Differenzierung wird also vor allem durch das vorgegebene Aufgabenfeld ausgelöst.

Vorteile

Binnendifferenzierung

- Relativ leichtes Zusammenstellen von schwierigkeitsgestuften Aufgaben: Die Schulbuchreihen und diverse Internetportale bieten hierfür meist konkrete Vorschläge an.
- Gefühl der Sicherheit und der Kontrolle in Bezug auf die Lösungen der Kinder

Natürliche Differenzierung

- Es ist eine Differenzierung, die von den Kindern ausgeht.
- Mit dieser Differenzierungsform kann der großen Vielfalt individueller Lernbedarfe und -potenziale von Kindern sehr gut entsprochen werden.
- Es wird selbstbestimmtes, eigenverantwortliches Lernen explizit gefördert.
- Die offenen substanziellen Aufgaben eignen sich für die Förderung prozessbezogener Kompetenzen und sie entsprechen dem Wesen von Mathematik (siehe „Das Bild von Mathematik", Seite 11).

Kritik/Probleme (Binnendifferenzierung)

- Jedes Kind einer Klasse muss einer „Leistungsgruppe" zugeordnet werden.
- Es ist eine Differenzierung, die in der Regel vor der Lehrkraft ausgeht.
- Der großen Vielfalt individueller Lernbedarfe und -potenziale von Kindern wird nicht entsprochen. Es besteht die Gefahr einer Stigmatisierung.
- Binnendifferenzierende Maßnahmen berücksichtigen meist einseitig die vertikale, aber nicht die horizontale Heterogenität von Kindern, das heißt, die Verschiedenheit der Kinder hinsichtlich ihrer Denk-, Lern- oder Problemlösestile, des Lerntempos und anderes mehr bleiben unbeachtet.
- Es wird kein oder kaum selbstbestimmtes, eigenverantwortliches Lernen gefördert.
- Die Aufgaben sind nur teilweise auf die Förderung prozessbezogener Kompetenzen gerichtet. So erfordern die Aufgaben zum Reproduzieren ein (einfaches) Anwenden einer vorher gelernten Lösungsvorschrift.

Voraussetzungen (Natürliche Differenzierung)

Anforderungen an die Aufgaben (Käpnick 2014, S. 125):

- Vorgabe eines motivierenden, leicht verständlichen Ausgangsproblems
- realistische Chancen für alle Kinder, erfolgreich zu lernen
- reichhaltige mathematische Substanz
- Offenheit bezüglich der Wahl von Lösungswegen, von Lernmitteln, der Organisationsform, der Lösungsdarstellung
- Möglichkeiten zum Mathematiktreiben (Finden von Anschlussproblemen)

Anforderungen an die Lehrkraft (Käpnick 2014, S. 12–125):

- Vertrauen in die Problemlösekompetenzen *aller Kinder* haben
- „Kunst der pädagogischen Zurückhaltung" beherzigen (Tipps und Hinweise nur geben, wenn die Kinder darum bitten, und diese als Impulse für weiterführende Gedanken oder Tätigkeiten formulieren)

Binnendifferenzierung		Natürliche Differenzierung
Kritik/Probleme	versus	**Voraussetzungen**

Binnendifferenzierung – Kritik/Probleme

- Die Aufgaben entsprechen meist nicht dem Wesen von Mathematik (siehe „Das Bild von Mathematik", Seite 11).
- Kritisch ist zudem der Einsatz von Sternchen-Aufgaben zu sehen, wie die Aussage von Julia, einer hochbegabten Zweitklässlerin, belegt:

„Wir machen fast immer das Gleiche. Alle auf einmal. Meistens bin ich die Erste, die fertig ist, manchmal ist Lukas aber schneller, bei Mathe meistens. Und dann sitzen wir da und wenn Frau S. es bemerkt, bekommen wir Zusatzaufgaben. Das sind noch mal die gleichen Sachen, eben noch vier Beispiele mehr. Inzwischen haben wir ausgemacht, dass wir so tun, als sind wir noch nicht so weit. Dann lese ich unter dem Tisch mein Buch über die Sonnenwinde und Lukas ärgert Kevin und Knut."

(Trautmann 2011, S. 92)

Natürliche Differenzierung – Voraussetzungen

- Kindern zubilligen, selbst über ihre Organisationsform, die Nutzung von Arbeitsmaterialien, ihren Lösungsweg und die Lösungsdarstellung zu entscheiden
- Kindern beim Finden und Entwickeln ihrer individuell bevorzugten Problemlösestile helfen
- ausreichend Zeit für die Phase der Problembearbeitung sowie der Ergebnispräsentation und -diskussion einplanen

Pädagogisch-psychologische Aspekte einer fördernden, potenzialfokussierten Lernbegleitung:

- Kindern so helfen, dass sie in ihrer Selbstwirksamkeit sowie in ihren individuell bevorzugten Lern- und Problemlösestilen gestärkt werden
- Kinder auffordern, ihre Gedanken zu verbalisieren, um die jeweilige mathematische Substanz der Ideen zu verstehen und wertschätzen zu können und zugleich um die Kompetenzen der Kinder im Darstellen, im Argumentieren und im Wechseln der Repräsentationsebenen zu entwickeln (Käpnick 2014, S. 124 f.)
- Mädchen ausreichend Zeit geben, um sich mit der offenen Aufgabe auseinanderzusetzen und Lösungen übersichtlich darzustellen (siehe „Geschlechtsspezifische Besonderheiten", Seite 17)
- gegebenenfalls vorschnelle Jungen auf übersehene Aufgabenbedingungen hinweisen und nicht sofort auf ihre spontanen Lösungsideen eingehen (Benölken 2011)

Fazit

Im Vergleich beider Differenzierungsformen weist somit die natürliche Differenzierung eindeutige Vorzüge auf. Das bedeutet aber nicht, dass binnendifferenzierende Übungsformen im Schulalltag keine Berechtigung mehr haben. Sie können in bestimmten Lernsituationen in modifizierter Form ein individuelles Fördern von Kindern einer Klasse durchaus wirksam unterstützen.

Die evtl. bestehenden Vorbehalte von Lehrkräften gegenüber der natürlichen Differenzierung und damit auch einer veränderten Lernkultur im Regelunterricht, wie eine Kindorientierung und die Annahme einer Überforderung von insbesondere leistungsschwächeren Kindern im Umgang mit der Offenheit von substanziellen Problemfeldern, sind unseres Erachtens weitgehend unbegründet, denn:

Erfahrungsgemäß wird die Mehrheit der Schülerinnen und Schüler sehr motiviert versuchen, die Aufgaben zu lösen.

Lehrkräfte sollten den motivationalen Potenzialen und kreativen Kompetenzen der Kinder vertrauen und diese im Regelunterricht fördern (womit zugleich die gesamte Persönlichkeitsentwicklung der Schülerinnen und Schüler gestärkt wird) – im Kontext eines aktiv-entdeckenden und forschenden Lernens, gemäß dem Wesen von Mathematik.

Tabelle: Binnendifferenzierung versus natürliche Differenzierung

Für viele größtenteils mit dem forschenden Lernen eng verbundenen Organisations- und Gestaltungsformen sei an dieser Stelle auf die Methodensammlung des Österreichischen Zentrums für Begabtenförderung (→ Glossar) und Begabtenforschung „Wege in der Begabungsförderung in Mathematik"[7] verwiesen. Dort finden Sie praxisorientierte Empfehlungen zum Nutzen folgender begabungsfördernder Differenzierungsformen:

 Methoden zur Begabungsförderung (→ Glossar) **im Mathematikunterricht:**

- Drehtürmodell
- Atelierbetrieb
- Portfolios
- differenzierte Lernziele und Lernprodukte im regulären Mathematikunterricht
- Peer-Teaching
- Lerninseln
- flexible Gruppierungen
- offene substanzielle Aufgaben (→ Glossar)
- forschendes Lernen im Regelunterricht
- Stationenlernen
- begabungsfördernde Leistungsbeurteilungen
- formatives Assessment (→ Glossar)
- begabungsfördernde Leistungsrückmeldungen
- außerschulische Fördermaßnahmen
- Mentoring

---

[7] Österreichisches Zentrum für Begabtenförderung und Begabtenforschung (OEZBF): „Wege in der Begabungsförderung in Mathematik".
Link: www.phsalzburg.at/ncoc-oezbf unter „Publikationen & Materialien" – „Förderangebote für 13+ Jahre"

4.3   Beispiel: Das Zahlenteilerspiel

Klassenstufen: 5–8   **Mathematische Leitidee:** Zahl

Bezüge zu Bildungsstandards:

- Förderung von Kompetenzen im Problemlösen, mathematischen Argumentieren, Modellieren sowie Kommunizieren
- Sprachförderung durch das Kommunizieren über Lösungsstrategien

Inhaltliche Schwerpunkte:

- Bilden verschiedener mehrstelliger Zahlen aus Ziffern (unter kombinatorischem Aspekt)
- Anwenden der Begriffe „teilbar" bzw. „Teiler einer Zahl" und „Vielfaches einer Zahl" im Bereich der natürlichen Zahlen (gegebenenfalls auch beispielhafte Einführung der beiden Relationen)
- Entdecken von Zahlbeziehungen unter Nutzung von Teilbarkeitsregeln im Bereich der natürlichen Zahlen
- Entwickeln und Anwenden verschiedener heuristischer Strategien (systematisches Probieren, Nutzen von Zahlenstrukturen, Bestimmen und Lösen von Teilaufgaben, Wechseln der Repräsentationsebenen)
- Begründen bzw. Argumentieren

Lernmaterialien: **Zeit:** 45 Minuten

- Kopiervorlagen 1 und 2
- Tippseite
- Ziffernkarten, gegebenenfalls leere Stellenwerttafeln,
- evtl. Taschenrechner für jedes Kind

Empfehlungen zum Ablauf:

Das „Zahlenteilerspiel" ist ein offenes Problemfeld, das im regulären Mathematikunterricht im Rahmen einer Unterrichtsstunde (45 Minuten oder 60 Minuten) für alle Schülerinnen und Schüler eingesetzt werden kann, sowohl zum Erarbeiten als auch zum problemorientierten Üben der Teilbarkeit natürlicher Zahlen bzw. von Teilbarkeitsregeln.

Phase	Inhalt	Sozialform/Material
Einstieg etwa 10 min	• Die L stellt M. Parkers Trick beim Zahnarztbesuch vor (siehe KV 1). • Die SuS machen sich mit der Aufgabe 1 vertraut (durch stilles Lesen oder Demonstrieren der Teilbarkeitsbeziehungen mithilfe der Ziffernkarten). *Tipp für ein gemeinsames Rechenbeispiel:* Aus den Ziffern 1 und 2 lassen sich die Zahlen 12 und 21 bilden. Für die Zahl 12 gilt: Die erste Ziffer 1 ist allein natürlich auch eine Zahl und durch 1 teilbar. Beide Ziffern als 12 aufgefasst sind eine Zahl, die durch 2 teilbar ist. Für die Zahl 21 gelten diese Teilbarkeitseigenschaften nicht.	Plenum Karten mit den Ziffern 1 und 2
Forscherphase etwa 25 min	• Die L bespricht mit den SuS die Aufgabe 1 und klärt Fragen. • Die L entscheidet im Sinne der Binnendifferenzierung, ob die sechs Teilaufgaben als Gesamtaufgabe oder als „isolierte" Einzelaufgaben von den Kindern bearbeitet werden. • Die L klärt mit den SuS gegebenenfalls auch gleich Aufgabe 2. • Die SuS bearbeiten die Aufgaben selbstständig und bestimmen über die Nutzung von Ziffernkarten oder anderen Hilfsmitteln sowie über die soziale Lernform. • L hilft den SuS bei Schwierigkeiten oder sie nutzen die Tippseite.	Plenum, Einzel-/ Gruppenarbeit KV 1, KV 2 gegebenenfalls Tippseite
Reflexion und Präsentation etwa 10 min	Die SuS präsentieren ihre Ergebnisse. Gemeinsam werden sie ausgewertet und dabei über verschiedene Lösungsstrategien gesprochen. Individuell bevorzugte Lösungsstrategien und -darstellungen, besonders effektive Strategien oder schöne Darstellungen, wertvoll erkannte Zahlzusammenhänge o. Ä. werden gewürdigt.	Plenum

Das Zahlenteilerspiel

Matt Parkers Trick beim Zahnarztbesuch

„Wenn ich zum Zahnarzt muss, lenke ich mich mental gern ein wenig ab, während ein Fremder versucht, in meinen Mund zu kriechen. Normalerweise mit irgendeinem Zahlenspiel, das ich im Kopf spielen kann."
(Parker 2015, S. 17)

Die 3. Forscheraufgabe auf KV 2 hat sich Matt Parker für seinen Zahnarzt-besuch ausgesucht. Mit den Aufgaben 1 und 2 kannst du dich seinem Mathe-Rätsel annähern.

Matt Parker
australischer Mathematiker

> **Achtung!**
> - Jede Ziffer darf nur genau einmal verwendet werden!
> - Nicht jede Aufgabe ist lösbar!
> - Es kann auch mehrere vollständige richtige Lösungen geben!

1. **1** **2** **3** **4** **5** **6**

Ordne die Ziffern so an, dass

1. die erste Ziffer als Zahl ein Vielfaches von 1 ist,
2. die ersten 2 Ziffern als Zahl ein Vielfaches von 2 sind,
3. die ersten 3 Ziffern als Zahl ein Vielfaches von 3 sind,
4. die ersten 4 Ziffern als Zahl ein Vielfaches von 4 sind,
5. die ersten 5 Ziffern als Zahl ein Vielfaches von 5 sind,
6. alle 6 Ziffern als Zahl ein Vielfaches von 6 sind.

Lösung:

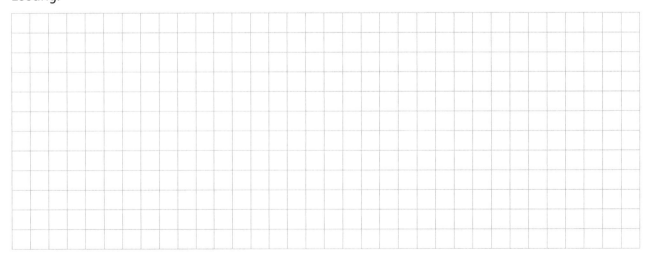

Das Zahlenteilerspiel

2. **1** **2** **3** **4** **5**

Ordne die Ziffern so an, dass

a) die erste Ziffer als Zahl ein Vielfaches von 1 ist,

b) die ersten 2 Ziffern als Zahl ein Vielfaches von 2 sind,

c) die ersten 3 Ziffern als Zahl ein Vielfaches von 3 sind,

d) die ersten 4 Ziffern als Zahl ein Vielfaches von 4 sind und

e) alle 5 Ziffern als Zahl ein Vielfaches von 5 sind.

Die Aufgabe ist doch leichter als die 1. Forscheraufgabe, oder?

Lösung:

3. **1** **2** **3** **4** **5** **6** **7** **8** **9**

Ordne die Ziffern so an, dass

a) die ersten 2 Ziffern als Zahl ein Vielfaches von 2 sind,

b) die ersten 3 Ziffern als Zahl ein Vielfaches von 3 sind,

c) die ersten 4 Ziffern als Zahl ein Vielfaches von 4 sind,

d) die ersten 5 Ziffern als Zahl ein Vielfaches von 5 sind,

e) die ersten 6 Ziffern als Zahl ein Vielfaches von 6 sind,

f) die ersten 7 Ziffern als Zahl ein Vielfaches von 7 sind,

g) die ersten 8 Ziffern als Zahl ein Vielfaches von 8 sind,

h) alle 9 Ziffern als Zahl ein Vielfaches von 9 sind.

Es gibt nur **eine** richtige Lösungszahl!

Lösung:

Das Zahlenteilerspiel – Tipps

KV 1, Aufgabe 1:

Tipp 1

Welche Teilbarkeitsregeln können dir beim Lösen der Aufgabe helfen?

KV 1, Aufgabe 1:

Tipp 2

Welche Ziffer muss aufgrund einer Teilbarkeitsregel an 5. Stelle stehen?

KV 1, Aufgabe 1:

Tipp 3

An welchen Stellen müssen die geraden Zahlen stehen?

KV 2, Aufgabe 2:

Tipp 1

Kann es sein, dass es keine Zahl gibt, die alle 5 Bedingungen erfüllt?

KV 2, Aufgabe 2:

Tipp 2

Es gibt aber einige Zahlen, die 4 von den 5 Bedingungen erfüllen.

KV 2, Aufgabe 3:

Tipp 1

Es gibt eine 9-stellige Zahl, die alle Bedingungen erfüllt.

Das Zahlenteilerspiel: Lösungshinweise

1. Forscheraufgabe

Es gibt zwei Lösungszahlen, die alle Bedingungen erfüllen: 123 654 und 321 654.

Begründung:
1 ist ein Vielfaches von 1, 12 ist ein Vielfaches von 2 (2 · 6 = 12) und 123 ein Vielfaches von 3 (42 · 3 = 123), 1 236 ist ein Vielfaches von 4 (309 · 4 = 1 236), 12 365 ist ein Vielfaches von 5 (2 473 · 5 = 123 659) und 123 654 ist ein Vielfaches von 6 (123 654 : 6 = 20 609).

Hinweise zu möglichen Lösungsstrategien von Kindern:
Wichtige Zahlbeziehungen, die den Kindern das Finden von Lösungszahlen effektiv erleichtern und das Probieren auf ein Minimum reduzieren können:

- Damit die Zahl durch 5 teilbar ist, muss die 5. Ziffer 5 sein.
- Die 2., 4. und 6. Ziffer muss jeweils eine gerade Zahl sein (wegen der Teilbarkeitsregeln durch 2, 4 und 6).
- Somit ergibt sich, dass die 1. und 3. Ziffer ungerade Zahlen, entweder 1 oder 3, sein müssen.

2. Forscheraufgabe

Es gibt keine 5-stellige Lösungszahl, die alle Bedingungen erfüllt.
Aber einige Zahlen erfüllen jeweils 4 von 5 Bedingungen, wie:

- 12 345: 1 ist ein Vielfaches von 1, 12 ist ein Vielfaches von 2 (2 · 6 = 12), 123 ein Vielfaches von 3 (41 · 3 = 123) und 12 345 ist ein Vielfaches von 5 (2 469 · 5 = 12 345). 1 234 ist aber nicht durch 4 teilbar.
- 14 325 : 1 ist ein Vielfaches von 1, 14 ist ein Vielfaches von 2 (7 · 2 = 14), 1 432 ist ein Vielfaches von 4 (358 · 4 = 1 432) und 14 325 ist ein Vielfaches von 5 (2 865 · 5 = 14 325). 143 ist aber nicht durch 3 teilbar.
- 32 145 : 3 ist ein Vielfaches von 1, 32 ist ein Vielfaches von 2 (16 · 2 = 32), 321 ist ein Vielfaches von 3 (107 · 3 = 321) und 32 145 ist ein Vielfaches von 5 (6 429 · 5 = 32 145). 3 214 ist aber nicht durch 4 teilbar.

Hinweise zu möglichen Lösungsstrategien von Kindern:

- Prinzipiell ist zu erwarten, dass die Kinder die erkannten Zusammenhänge der 1. Forscheraufgabe effektiv auf die neue Problemaufgabe übertragen.
- Eine besondere Herausforderung könnte möglicherweise darin bestehen, dass sie erkennen und akzeptieren müssen, dass es keine vollständig richtige Lösungszahl gibt.
- Als eine sinnvolle Begründung für die Unmöglichkeit einer Lösungszahl, die alle Bedingungen erfüllt, könnten Kinder angeben, dass man nur 2 gerade Zahlen hat, die an der 2. und an der 4. Stelle stehen müssen (wegen der Teilbarkeit durch 2 und durch 4), und dadurch nur wenige Variationsmöglichkeiten für die Ziffernanordnungen gegeben sind.

3. Forscheraufgabe

Falls die Zeit für diese Aufgabe nicht ausreichen sollte, könnten die Kinder als „Ausblick" vermuten, ob es eine vollständig richtige Lösung für diese Zahlenspielerei mit allen Ziffern von 1 bis 9 bzw. für eine 9-stellige Zahl mit 9 verschiedenen Ziffern (außer 0) gibt. Welche Begründungen nennen sie? Diese Forscheraufgabe enthält viele Potenziale zum mathematisch substanziellen Entdecken von Zahlbeziehungen. Sie könnte deshalb sehr leistungsstarken Kindern auch als (freiwillige) Forscheraufgabe im Rahmen einer Hausaufgabe, einer Freiarbeitsphase oder einer besonderen Differenzierungsmaßnahme gegeben werden.

Lösung: Die einzige Lösungszahl, die alle Bedingungen erfüllt, ist: 381 654 729.

Hinweise zu möglichen Lösungsstrategien von Kindern:
Hier lassen sich viele richtige Teillösungen finden sowie viele interessante Zahlbeziehungen entdecken, wie zum Beispiel:

- Egal, wie man die 9 Ziffern anordnet, die 9-stellige Zahl ist stets ein Vielfaches von 9, weil die Quersumme immer gleich 45 und somit durch 9 teilbar ist.
- In der richtigen Lösungszahl müssen die 2., 4., 6. und 8. Ziffer eine gerade Zahl sein – wegen der Teilbarkeitsregeln durch 2, 4, 6 und 8. Somit sind die 1., 3., 5., 7. und 9. Ziffer eine ungerade Zahl. Eindeutig ist zudem, dass die 5. Ziffer eine 5 sein muss, damit die Zahl durch 5 teilbar ist.

Beim Einsatz der Aufgabe in einer Förderstunde im Rahmen des Projektes „Mathe für kleine Asse" zeigte sich, dass die 3. Forscheraufgabe auch für Schülerinnen und Schüler der Klasse 7 und 8 eine große Herausforderung sein kann. Sie waren sehr motiviert und erkannten auch schnell die oben angegebenen Zahlbeziehungen. Hierfür legten sich die meisten eine Stellenwerttafel an, um die Aufgabenbedingungen wie auch die erkannten Zahlbeziehungen und somit gewonnene Teilergebnisse übersichtlich darzustellen:

HM	ZM	M	HT	ZT	T	H	Z	E
1, 3, 7 oder 9	2, 4, 6 oder 8	1, 3, 7 oder 9	2, 4, 6 oder 8	5	2, 4, 6 oder 8	1, 3, 7 oder 9	2, 4, 6 oder 8	1, 3, 7 oder 9
				X				

Einige Jugendliche gingen unter Nutzung der Teilbarkeitsregeln für 2, 3, 4, 5, 6, 8, und 9 sehr systematisch alle verschiedenen Möglichkeiten durch. Sie zeigten eine beeindruckende Ausdauer und Zielgerichtetheit, waren von der Richtigkeit ihrer Strategie überzeugt, halfen und kontrollierten sich gegenseitig und konnten so schrittweise einzelne Ziffern eindeutig bestimmen. Auch nach 20 Minuten intensiver Lösungssuche wollten diese Schülerinnen und Schüler keine Tipps annehmen. Als nur noch drei Stellenziffern unklar waren, stellte sich bei ihnen ein tiefes Glücksgefühl (Flow → Glossar) ein.

Andere probierten stärker intuitiv verschiedene Zahlenkombinationen und kamen vergleichsweise schneller zur richtigen Lösung. Ihr Glücksempfinden war ähnlich groß.

Hier ist eine Lösung eines Sechstklässlers, die aufzeigt, wie er um die richtige Lösung „ringt":

147 658 329

829694

987654132 → 381654729

147 2583 6 9

XXX 654 777   987654

149 25 8 7 3

321654 98 7   149 2568 3 7

Kopiervorlage 2

46

5   Glossar

Da viele in diesem Ratgeber gebrauchten Begriffe und Wortkonstrukte in Theorie und Praxis unter verschiedenen Perspektiven uneinheitlich, zum Teil sogar mit unterschiedlichen inhaltlichen Bedeutungen verwendet werden bzw. verwendet werden können, sollen zum besseren Verständnis und im Sinne einer klaren Positionierung wichtige Begrifflichkeiten definiert und erläutert werden.

Akzeleration bedeutet eine im Vergleich zur Altersnorm beschleunigte kognitive oder körperliche Entwicklung eines Kindes. Beschleunigte Wachstums- und Reifungsprozesse, vor allem wenn sie sich nur auf einzelne Bereiche beziehen, können zu Disharmonien in der kindlichen Persönlichkeitsentwicklung führen und erfordern deshalb entsprechende spezielle Förderkonzepte.

Begabtenförderung ist Teil der Begabungsförderung und bezieht sich auf Kinder, die als überdurchschnittlich begabt (hochbegabt) identifiziert wurden. Begabtenförderung im Kontext dieses Ratgebers meint die Förderung von mathematisch potenziell begabten Kindern. Wir nennen sie auch „Mathe-Asse".

Begabungsförderung hat das Ziel, die Entwicklung der Potenziale aller Kinder bestmöglich zu unterstützen und stellt die Entwicklung der individuellen Persönlichkeit sowie die Förderung persönlicher Lebensziele in den Mittelpunkt.

Das **Beobachten** ist ein aktiver Prozess des Wahrnehmens, Erkennens und Deutens. In Beobachtungssituationen werden Umweltreize meist aufgrund unbewusster Entscheidungsmuster ausgewählt und in Informationen umgewandelt. Das Beobachten wird durch das Wissen, die Biografie und die Erfahrungen des Beobachters bestimmt und ist immer subjektiv geprägt.

Unter einer **Diagnose** wird im Kontext des Leitfadens ein feinfühliger theoriebasierter Prozess des Erkennens, Entdeckens und Herausfindens von Personen verstanden, die den jeweiligen Merkmalen, die in einem theoretischen Konstrukt modelliert worden sind, möglichst genau entsprechen. (Die Autorinnen und Autoren distanzieren sich von medizinischen und therapeutischen Sichtweisen.)

Erkennen meint im Kontext des Ratgebers, den eigenen „Blick zu schärfen" für die besonderen individuellen Bedürfnisse von Schülerinnen und Schülern – einschließlich der Mathe-Asse –, damit sie ihre Potenziale entfalten und ihr eigenes Wesen zum Leben erwecken können. Dem Beobachten kommt hierbei eine besondere Rolle zu.

Fördern bzw. Förderung meint hier im konstruktivistischen Sinne Unterstützung und Begleitung sowie Bereitstellen anregender Lernumgebungen zur bestmöglichen Entfaltung der Persönlichkeit (Potenzialentfaltung) und ist abzugrenzen von eher traditionellen Interpretationen wie Anleitung, Belehrung, Instruktion, Unterweisung oder auch Schulung und Vermittlung. Eine angemessene Förderung über- bzw. unterfordert nicht, sondern bietet herausfordernde Entwicklungsräume und Gelegenheiten zum selbstbestimmten, spielerischen und freudbetonten Lernen, die Flow-Erlebnisse begünstigen. Sie orientiert sich an den Ressourcen der Kinder und sollte in der Regel inklusiv (innerhalb der Gruppe bzw. Schulklasse) stattfinden.

Heterogene Gruppen sind Gruppen von Personen mit ungleichartigen Merkmalen bzw. Merkmalsqualitäten, zum Beispiel in Bezug auf das Alter, das Geschlecht, die ethnische, kulturelle und soziale Herkunft oder in Bezug auf die Unterschiedlichkeit der Lernvoraussetzungen, Interessen und Einstellungen. Grundsätzlich kann man davon ausgehen, dass jedes Kind einzigartig ist und somit Heterogenität eine „Normalität" ist. Demgemäß sind zum Beispiel auch mathematisch begabte Kinder individuell sehr verschieden und bilden eine heterogene Gruppe.

Indikatoraufgaben dienen dem Erkennen mathematikspezifischer Begabungskriterien. Sie sind größtenteils relativ offene und komplexe Problemaufgaben, mit denen mathematisch-produktive Lerntätigkeiten initiiert werden, und sie ermöglichen ein quantitatives Erfassen und Auswerten von Leistungen. Indikatoraufgaben sind halbstandardisiert, weil folgende Gütekriterien gewährleistet sind: die Objektivität bezüglich der Durchführung, Auswertung und zum Teil Interpretation der Ergebnisse, die inhaltliche Validität, also Gültigkeit (die Eignung des Instruments bezüglich der Zielsetzung) sowie zum Teil die Reliabilität (die Zuverlässigkeit des Erfassens bestimmter Merkmale), welche jedoch nicht statistisch geprüft bzw. abgesichert sind. Indikatoraufgaben stellen keinen normierten Test dar, sodass immer gewisse Freiräume, zum Beispiel hinsichtlich der Zeitdauer für das Bearbeiten von Aufgaben, gegeben sind.

Individuelle Förderung umfasst pädagogische Handlungen, die mit der Intention erfolgen, die Begabungsentwicklung und das Lernen jedes einzelnen Kindes unter Aufdeckung und Berücksichtigung seines spezifischen Potenzials, seiner individuellen Lernvoraussetzungen, Lernbedürfnisse, Lernwege, Lernziele und Lernmöglichkeiten zu unterstützen. Individuelle Förderung umfasst die Reflexion der Bedeutung der Beziehungsebene zwischen Lernbegleiter und Kind und versteht sich zudem als pädagogische Grundhaltung.

Inklusive Pädagogik meint im oben beschriebenen Sinn einen Ansatz zur Umsetzung von Inklusion im pädagogischen Kontext. Dabei sind die Gleichheit und Verschiedenheit der Kinder (egalitäre Differenz) ein entscheidender Ausgangspunkt, den es auszubalancieren gilt. Für die inklusive Pädagogik bedarf es neuer didaktischer Überlegungen, die der Vielfalt der Kinder gerecht wird. Für jedes Kind gilt dementsprechend sowohl das Recht auf Gleichheit als auch das Recht auf Verschiedenheit (Freiheit) gleichermaßen, sodass ihm sein individueller Eigensinn zugestanden wird.

Ein **Lernarrangement** ist die von einer Lehrkraft vorbereitete komplexe Planung einer Lernaktivität (zum Beispiel einer Unterrichtsstunde). Das Entwickeln eines Aufgabenarrangements im Kontext des Buches umfasst Vorüberlegungen in Bezug auf die Schülerinnen und Schüler zu
- den konkreten mathematischen Aktivitäten beim Bearbeiten eines Lernthemas und zu dessen mathematisch-logischer Struktur,
- einer gewissen Vertrautheit mit dem mathematischen Lernthema,
- der intrinsischen Motivation bzw. zum natürlichen Interesse für derartige Lernaktivitäten,
- möglichen Sinnkonstruktionen beim Bearbeiten der Lernaufgaben,
- der Art und Weise der Präsentation eines Einstiegs in das Lernthema (zum Beispiel mithilfe eines Ausgangsproblems),
- möglichen bzw. günstigen sozialen Lernformen,
- weiteren Fragen der methodischen Gestaltung (Bereitstellung von Arbeitsmitteln, zeitliche Planung, …).

Lernkultur meint die Gesamtheit der für eine bestimmte Zeit typischen Lebenswelt von Lernenden und Lernbegleitenden, die insbesondere durch bestimmte Lernformen unter vergleichbaren institutionellen Rahmenbedingungen charakterisiert ist. Sie ist abhängig von der vorherrschenden Bildungsphilosophie. Die Bildungsphilosophie einer Institution oder von Personen umfasst das Verständnis, wie sich Bildung, Lernen und Entwicklung vollziehen, welche Rolle dem Kind und seiner Umwelt zukommen und welche Lernkultur sich daraus ergibt. Sie steht im engen Zusammenhang mit Einstellungen und Haltungen und prägt die Handlungskompetenz von pädagogischen Fachkräften und Lehrkräften. Zum Beispiel wird mit „individueller Potenzialentfaltung bzw. individueller Förderung jedes Kindes" eine aktuelle Lernkultur in Deutschland bezeichnet.

Mathe-Asse sind mathematisch potenziell begabte Kinder. Es sind Kinder, deren besondere mathematische Begabung als Potenzial für überdurchschnittliche Fähigkeiten, die mit großer Wahrscheinlichkeit zu einem späteren Zeitpunkt erreichbar sind, verstanden wird. Für das Vorhandensein einer mathematischen Begabung können sogenannte Erstindikatoren (soziale Indikatoren, spezielle individuelle Eigenarten und Besonderheiten im kindlichen Reifeprozess) und mathematikspezifische Begabungsmerkmale zu beobachten sein, zum Beispiel sehr früh ausgeprägte Zahl-, Zähl- und Rechenkompetenzen; eine hohe Gedächtnisfähigkeit bezüglich mathematischer Sachverhalte; besondere Kompetenzen im Erkennen, Angeben und Nutzen mathematischer Strukturen (Muster); eine besondere mathematische Sensibilität sowie eine besondere mathematische Kreativität.

Mathematik ist die Wissenschaft der Muster und Strukturen. Mathematik ist kein statisch abgeschlossenes System von Definitionen, Formeln und Beweisen, sondern eine sich dynamisch entwickelnde Wissenschaft, in der Problemlöseprozesse, mathematisches Tätigsein und entdeckendes Lernen eine wesentliche Rolle einnehmen.

Mathematische Begabung ist ein sich dynamisch entwickelndes und individuell geprägtes Potenzial für eine zu einem späteren Zeitpunkt mögliche weit überdurchschnittliche mathematische Leistungsfähigkeit (Performanz). Dieses Potenzial ist zum Teil angeboren und weist bezüglich der als wesentlich erachteten mathematikspezifischen Begabungsmerkmale ein weit über dem Durchschnitt liegendes Niveau auf. Es entwickelt sich in wechselseitigen Zusammenhängen mit begabungsstützenden, bereichsspezifischen Persönlichkeitseigenschaften und günstigen intrapersonalen sowie interpersonalen Einflussfaktoren.

Mathematische Prozessziele sind Kompetenzen im Kreativsein und Problemlösen, im Kommunizieren und Argumentieren, Begründen und Prüfen sowie im Ordnen, im Erkennen, Verwenden und im Transfer von Mustern und Strukturen. Hinzu kommen Kompetenzen im Anwenden typischer mathematischer Denk- und Handlungsweisen, wie zum Beispiel im Klassifizieren und Vergleichen.

Metakognitive Kompetenzen sind allgemeine kognitive Kompetenzen, die sich auf das Steuern, das Reflektieren und Bewerten von eigenen Denkprozessen und Denkleistungen in Lernprozessen beziehen.

Mit dem **mittleren Schulalter** sind in diesem Buch Schülerinnen und Schüler des 5. bis 8. Schuljahres gemeint.

Multiprofessionelle Teams sind pädagogisch professionelle Personen mit verschiedenen Spezialkompetenzen, zum Beispiel Fachkräfte in Schule und Kita, sonder-, sozial- und begabungspädagogische Fachkräfte, sowie Fachkräfte der Logopädie und Schulpsychologie usw., die im Rahmen einer engen Kooperation gleichberechtigt in einem Team zusammenarbeiten. Dabei orientieren sie sich an gemeinsam akzeptierten und handlungsbestimmten Werten und Zielen und bilden so ein professionelles Selbst. Multiprofessionelle Teams gelten als ein wesentliches Merkmal gelingender inklusiver Bildung.

Bei der Form der **natürlichen Differenzierung** geht die Differenzierung vom Kind aus. Alle Kinder erhalten die gleichen offenen und relativ komplexen Lernangebote, die so konzipiert sind, dass alle Schülerinnen und Schüler zum Bearbeiten und Lösen angeregt werden und die Möglichkeit haben, erfolgreich zu lernen. Dabei kann jedes Schulkind selbst bestimmen, wie tief es in den Aufgabeninhalt bzw. das Thema eindringt, welche Lernmittel es nutzt, welche Lösungswege es anwendet, ob es allein, zu zweit oder in einer Kleingruppe arbeitet und wie es seine Lösung darstellt.

Offene substanzielle mathematische Aufgaben sind eine Umsetzungsmöglichkeit der natürlichen Differenzierung, also einer „Differenzierung vom Kind aus", im Mathematikunterricht. Die komplexen und inhaltsreichen Aufgaben (demgemäß oft auch als „Aufgabenfelder" bezeichnet) sind so konstruiert, dass sie bei Vorgabe oder gemeinsamer Bestimmung eines einheitlichen Lernthemas alle teilnehmenden Schülerinnen und Schüler zu produktiv-herausfordernden Aktivitäten anregen. Demgemäß kann jede Schülerin bzw. jeder Schüler entsprechend ihren bzw. seinen Voraussetzungen an den Lösungsfindungsprozessen mitwirken und hat dabei Chancen, Aufgaben erfolgreich zu bearbeiten. Offene substanzielle mathematische Aufgaben sind deshalb für eine individuelle und differenzierte mathematische Förderung von Kindern mit unterschiedlichen Begabungspotenzialen im Sinne einer inklusiven Pädagogik sehr gut geeignet. Sie bieten den Schülerinnen und Schülern eine Offenheit bezüglich
- vielfältiger Lösungsideen und Vorgehensweisen,
- der Kreativität und der Vielfalt möglicher Entdeckungen,
- der Wahl von Hilfsmitteln und Lösungswegen sowie
- der Dokumentation, Ergebnispräsentation und der Kommunikation (Käpnick, Benölken 2020).

Zahlreiche erprobte Lernumgebungen für offene substanzielle mathematische Aufgaben sind zu finden in:
- *Forschen und Knobeln: Mathematik – Klasse 5 und 6*, AOL-Verlag: Hamburg (Best.-Nr.: 10685)
- *Forschen und Knobeln: Mathematik – Klasse 7 und 8*, AOL-Verlag: Hamburg (Best.-Nr.: 10686)

Portfolios sind im Kontext dieses Leitfadens von Schülerinnen und Schülern eigenverantwortlich geführte Sammlungen ihrer Lernaktivitäten, in denen sie ihre Anstrengungen, ihre Fortschritte und Leistungsresultate auf einem oder auf mehreren mathematischen Gebieten selbst dokumentieren. Mit Portfolios kann die Leitidee, Lernende als aktive Mitgestalter und Mitverantwortliche ihres Lernens anzusehen, umgesetzt werden. Die Arbeit mit Portfolios bietet einerseits viele Möglichkeiten für den Erwerb von Selbstkompetenzen. Andererseits können die Portfolios für Lehrkräfte eine wertvolle Informationsquelle beim Erkennen von spezifischen Leistungspotenzialen, von Interessen und Begabungen, von Lern- und Denkstilen eines Kindes sein.

Problemlösestil

Der Begriff „Problemlösestil" umfasst bedeutend mehr als etwa das Anwenden einer heuristischen Strategie. Gemäß einer in der aktuellen Begabungsforschung mehrheitlich vertretenen ganzheitlichen Sicht auf eine „Begabung" umfasst der Problemlösestil die Art und Weise, wie

- ein Kind ein gegebenes Problem erfasst (*Informationsaufnahme und Analyse des Problems*),
- ein Kind das Problem zu lösen versucht (*Entwicklung von Lösungsansätzen und -strategien, bevorzugte Handlungsebenen beim Problemlösen, spezifischer Denk- und Arbeitsstil beim Problembearbeiten*),
- ein Kind die Lösung der Problemaufgabe darstellt und wie es diese kontrolliert

Der Begriff „Problemlösestil" schließt motivationale, volitive und weitere allgemeine Persönlichkeitseigenschaften ein (vgl. Käpnick 1998, S. 250; Fuchs 2006, S. 101).

Unter **Selbstkompetenz** (eines Schulkindes) wird die Fähigkeit verstanden, motiviert und aktiv mitgestaltend handeln zu können, auch wenn sich Zusammenhänge verändern. Diese Kompetenz hängt von der Fähigkeit ab, Wissen und Emotionen miteinander zu verknüpfen. Die Entwicklung von Selbstkompetenz ist ein dynamischer Prozess, der wesentlich durch erzieherische Einflüsse geprägt werden kann. So sind für eine nachhaltige Selbstkompetenzförderung professionelle pädagogische Beziehungen sowie die Gestaltung fordernder wie zugleich fördernder Lernumgebungen von zentraler Bedeutung.

Selbstbestimmtes bzw. selbstreguliertes Lernen bedeutet allgemein, dass Lernende über die Ziele und Inhalte, über die Formen und Wege, Ergebnisse und Zeiten sowie Orte ihres Lernens selbst entscheiden. Wenn Lernende bei vorgegebenen Inhalten und Zielen ihr eigenes Lernen selbst steuern und Entscheidungen über die Art und Weise ihrer Lernorganisation fällen, spricht man eher vom „selbstorganisierten Lernen".

Die Befähigung zum selbstbestimmten bzw. selbstregulierten Lernen ist im Allgemeinen ein längerfristiger Prozess, der Phasen der Anregung und Beratung durch die Lehrkräfte wie auch eine stetige (selbst-)kritische Reflexion und einen regen Austausch mit den anderen Lernenden einschließt.

Underachiever sind Schülerinnen und Schüler, die ihr sehr hohes Begabungspotenzial nicht in entsprechende Leistungen (Performanz) umwandeln können bzw. sich ihrem Umfeld anpassen und ihre besondere Begabung verstecken.

Volitionale Kompetenzen beziehen sich auf ein bewusstes, willentliches und zielgerichtetes Steuern und Umsetzen von Motiven und Zielen beim Bearbeiten von Lernaufgaben. Hierzu gehören Fähigkeiten im Steuern und Kontrollieren der eigenen Aufmerksamkeit, Motivationen und Emotionen, was auch ein Bewältigen von Misserfolgen einschließt.

6 Literaturverzeichnis

Bardy, P. (2007): *Mathematisch begabte Grundschulkinder.* Heidelberg, Berlin: Spektrum Akademischer Verlag.

Benölken, R. (2011): Mathematisch begabte Mädchen – Untersuchungen zu geschlechts- und begabungsspezifischen Besonderheiten im Grundschulalter. In: Käpnick, F. (Hrsg.): *Schriften zur mathematischen Begabungsforschung*, Bd. 3. Münster: WTM-Verlag.

Benölken, R.; Käpnick, F. (Hrsg.) (2015): Individuelles Fördern im Kontext von Inklusion. In: Käpnick, F. (Hrsg.): *Schriften zur mathematischen Begabungsforschung*, Bd. 8. Münster: WTM-Verlag.

Benölken, R.; Käpnick, F. (2017): Inwiefern eignen sich Schülerwettbewerbe für die Diagnose und Förderung mathematischer Begabungen? Theoretisch-analytische Erörterungen. In: *Journal für Begabtenförderung*, Heft 2, S. 36–50.

Czeschlik, T. (1993): Temperamentsfaktoren hochbegabter Kinder. In: *Lebensumweltanalyse hochbegabter Kinder. Ergebnisse der Pädagogischen Psychologie*, Bd. 11. Göttingen, Bern, Seattle: Hogrefe, S. 139–158.

Fuchs, M. (2006): *Vorgehensweisen mathematisch potentiell begabter Dritt- und Viertklässler beim Problemlösen. Empirische Untersuchungen zur Typisierung spezifischer Problembearbeitungsstile.* Berlin: LIT Verlag.

Fuchs, M. (2015): *Alle Kinder sind Matheforscher. Frühkindliche Begabungsforschung in heterogenen Gruppen.* Seelze: Klett-Kallmeyer.

Fuchs, M.; Käpnick, F. (Hrsg., 2009): *Mathe für kleine Asse (Empfehlungen zur Förderung mathematisch interessierter und begabter Dritt- und Viertklässler),* Bd. 2. Berlin: Cornelsen.

Griebel, W.; Niesel, R. (2004): *Transitionen. Fähigkeit von Kindern in Tageseinrichtungen fördern, Veränderungen erfolgreich zu bewältigen.* Weinheim, Basel: Beltz.

Griebel, W.; Niesel, R. (2011): *Übergänge verstehen und begleiten. Transitionen in der Bildungslaufbahn von Kindern.* Berlin: Cornelsen Scriptor.

Häuser, D.; Schaarschmidt, U. (1991): Begabungsentwicklung: Erste Ergebnisse einer entwicklungspsychologischen Untersuchung an lesenden und rechnenden Vorschulkindern. In: Mönks, F.; Lehwald, G. (Hrsg.): *Neugier, Erkundung und Begabung bei Kleinkindern.* München, Basel: Reinhardt. S. 145–162.

Heller, K. A.; Perleth, C.; Lim, T. K. (2005): The Munich Model of Giftedness Designed to Identify and Promote Gifted Students. In: Sternberg, R. J.; Davidson, J. E. (Hrsg.): *Conceptions of Giftedness.* New York: Cambridge University Press. S. 147–170.

Hüther, G.; Hauser, U. (2012): Jedes Kind ist hochbegabt – Die angeborenen Talente unserer Kinder und was wir aus ihnen machen. München: Knaus.

iPEGE (Hrsg., 2009): *Professionelle Begabungsförderung. Empfehlungen zur Qualifizierung von Fachkräften in der Begabtenförderung.* Salzburg: ÖZBF.

Käpnick, F. (1998): *Mathematisch begabte Kinder.* Frankfurt a. M.; Berlin; Bern; New York; Paris; Wien: Lang.

Käpnick, F. (1999): Notwendigkeiten und Möglichkeiten einer verstärkten Integration mathematisch begabter Kinder in den „normalen" Unterricht. In: *Mathematische Unterrichtspraxis*, IV. Quartal. S. 3–11.

Käpnick, F. (2001): *Mathe für kleine Asse (Handbuch für die Förderung mathematisch interessierter und begabter Dritt- und Viertklässler).* Berlin: Volk und Wissen.

Käpnick, F. (2008): „Mathe für kleine Asse" – Das Münsteraner Konzept zur Förderung mathematisch begabter Kinder. In: Fuchs, M. (Hrsg.); Käpnick, F. (Hrsg.): *Mathematisch begabte Kinder – Eine Herausforderung für Schule und Wissenschaft.* Münster: LIT. S. 138–150.

Käpnick, F. (2013): Theorieansätze zur Kennzeichnung des Konstruktes „Mathematische Begabung" im Wandel der Zeit. In: Käpnick, F. (Hrsg.): *Schriften zur mathematischen Begabungsforschung,* Bd. 4. Münster: WTM-Verlag. S. 9–39.

Käpnick, F. (2016): *Verschieden verschiedene Kinder. Inklusives Fördern im Mathematikunterricht der Grundschule.* Seelze: Klett-Kallmeyer.

Käpnick, F. (Hrsg.); Fritzlar, T.; Rodeck, K. (2006): *Mathe für kleine Asse (Handbuch für die Förderung mathematisch interessierter und begabter Fünft- und Sechstklässler).* Berlin: Cornelsen.

Käpnick, F. (Hrsg.); Fuchs, M. (2009): *Mathe für kleine Asse (Empfehlungen zur Förderung mathematisch interessierter und begabter Dritt- und Viertklässler); Bd. 2.* Berlin: Cornelsen.

Käpnick, F. (2018). *Wege in der Begabungsförderung. Eine Methodensammlung für den Mathematikunterricht.* Salzburg: ÖZBF.

Käpnick, F.; Benölken, R. (2020): Mathematiklernen in der Grundschule. In: Padberg, F. (Hrsg.): *Mathematik Primarstufe und Sekundarstufe I + II,* 2. Aufl. Berlin, Heidelberg: Springer-Spektrum.

Keller, S.; König, F. (2017): *Kompetenzorientierter Unterricht mit Portfolio.* Bern: hep verlag.

Kordemski, B. A. (1966): *Köpfchen, Köpfchen! Mathematik zum Zeitvertreib.* Leipzig, Jena, Berlin: Urania-Verlag.

Körkel, V. (2019): Mathematik in der Freizeit? – Empirische Untersuchungen zum informellen Mathematiklernen mathematisch begabter Sechst- und Siebtklässler. In: Käpnick, F. (Hrsg.): *Schriften zur mathematischen Begabungsforschung,* Bd. 11. Münster: WTM-Verlag.

Mönks, F. J.; Ypenburg, I. H. (2000): *Unser Kind ist hochbegabt. Ein Leitfaden für Eltern und Lehrer,* 3. Aufl., München, Basel: Reinhardt Verlag.

Nolte, M. (2004): *Der Mathetreff für Mathe-Fans.* Hildesheim: Franzbecker.

ÖZBF (2017): *Wege in der Begabungsförderung.* Salzburg: ÖZBF.

Parker, M. (2015): *Auch Zahlen haben Gefühle.* Reinbek: Rowohlt Verlag.

Roedell, W. C.; Jackson, N. E.; Robinson, H. B. (1989): *Hochbegabung in der Kindheit. Besonders begabte Kinder im Vorschul- und Grundschulalter.* Heidelberg: Asanger.

Rost, D. H.; Hanses, P. (1994): Selbstkonzeptprobleme bei hochbegabten Grundschulkindern? In: Olechowski, R.; Rollett B. (Hrsg.): *Theorie und Praxis. Aspekte empirisch-pädagogischer Forschung – quantitative und qualitative Methoden. Bericht über die 49. Tagung der Arbeitsgruppe für empirisch-pädagogische Forschung.* Frankfurt a. M.: Lang. S. 475–478.

Roth, G. (2007): *Persönlichkeit, Entscheidung und Verhalten.* Stuttgart: Klett-Cotta.

Sjuts, B. (2017): Mathematisch begabte Fünft- und Sechstklässler. Theoretische Grundlegung und empirische Untersuchungen. In: Käpnick, F. (Hrsg.): *Schriften zur mathematischen Begabungsforschung,* Bd. 9. Münster: WTM-Verlag.

Trautmann, T. (2011): Jahrgangsgemischte Lerngruppen: Flexibilität der Fördermöglichkeiten. In: Stehenbuck, O.; Quitmann, H.; Esser, P.: *Inklusive Begabtenförderung in der Grundschule.* Weinheim, Basel: Beltz.

7 Anhang

Handreichung zum Beobachtungsprotokoll: Bist du ein Mathe-Ass?

Mit dem Beobachtungsprotokoll können die Ergebnisse zielgerichteter Beobachtungen von Schülerinnen und Schülern beim Lösen anspruchsvoller Problemaufgaben dokumentiert werden. Um allen Lehrkräften ein schnelles Ausfüllen des Protokolls zu ermöglichen, sind viele Antworten als Auswahlantworten vorgegeben, sodass nur noch das jeweils Entsprechende anzukreuzen ist. Hierdurch ist zugleich ein relativ objektiver Vergleich von Vorgehensweisen der Schülerinnen und Schüler beim Problembearbeiten möglich.

Struktur des Beobachtungsprotokolls:
Die einleitenden Angaben beziehen sich auf allgemeine Aspekte. Die nachfolgenden Angaben dienen dem Erfassen der Aktivitäten einer Schülerin oder eines Schülers beim Bearbeiten einer Aufgabe. Der Hauptfokus ist dabei auf die „Forscherphase" gerichtet, also auf den Prozess des selbstständigen Erfassens der Problemaufgabe, des Findens, Darstellens und Überprüfens einer Lösung bzw. der Lösungen. Im Sinne eines umfassenden Kennzeichnens des Problemlöseprozesses sollten abschließend auch die Aktivitäten der Schülerin bzw. des Schülers in der Auswertungsphase sowie ihre bzw. seine schriftlichen Aufzeichnungen zur Aufgabenlösung einbezogen werden.
Für eine vertiefende Analyse bietet es sich an, zusätzlich die zu lösende Problemaufgabe bezüglich ihrer inhaltlichen Schwerpunkte, der Repräsentationsform und der zu leistenden Anforderungen zu kennzeichnen.

 Empfehlungen und Hinweise:

- Verschaffen Sie sich vorab Klarheit über die inhaltlichen Bedeutungen der mathematikspezifischen Begabungsmerkmale, die begabungsstützenden Persönlichkeitseigenschaften und die verschiedenen Problemlösestile (siehe Kapitel 1.3).
- Stimmen Sie sich hinsichtlich der qualitativen Einschätzungen vorbereitend mit dem Fachkollegium ab, um möglichst objektive Bewertungen vornehmen zu können.
- Sammeln Sie die Protokolle zu jeder Schülerin und jedem Schüler, um Entwicklungen über einen bestimmten Zeitraum und gegebenenfalls verallgemeinerbare Einschätzungen vornehmen zu können. Beachten Sie, dass Sie jeweils nur ein oder zwei Schülerinnen oder Schüler in einer Unterrichtsstunde gezielt beobachten können und deshalb einen solchen Plan aufstellen, der gewährleistet, dass Sie im Verlauf eines Schuljahres zu möglichst allen Schulkindern in ausgewogenem Umfang Beobachtungsprotokolle anfertigen.
- Sammeln Sie die Protokolle für eine systematische Dokumentation.

Beobachtungsprotokoll: Bist du ein Mathe-Ass?

Name: _____ Datum: _____

Thema der Forscherstunde/Problemaufgabe:

_____

Bearbeitungszeit: _____ Minuten

1. Mathematikspezifische Begabungsmerkmale

	sehr gut	gut	schwankend	gering
Kompetenzen im Speichern mathematischer Sachverhalte im Arbeitsgedächtnis unter Nutzung erkannter Strukturen				
Kompetenzen im Strukturieren auf der Musterebene				
Kompetenzen im selbstständigen Angeben von Strukturen				
Kompetenzen im logischen Schlussfolgern				
Kompetenzen im selbstständigen Wechseln der Repräsentationsebenen				
Kompetenzen im selbstständigen Umkehren von Gedankengängen				
Besondere mathematische Sensibilität				
Besondere mathematische Fantasie				

2. Begabungsstützende Persönlichkeitseigenschaften

	sehr gut	gut	schwankend	gering
Hohe geistige Aktivität				
Intellektuelle Neugier				
Anstrengungsbereitschaft				
Freude am Problemlösen				
Konzentrationsfähigkeit				
Selbstständigkeit				

3. Bevorzugte soziale Lernform
(Einzel-, Partner- oder Gruppenarbeit)

4. Lösungsqualität

(zum Beispiel originelle Lösungsideen, korrekte und/oder vollständige Lösungsdarstellung, selbstständiges Finden interessanter Anschlussprobleme)

5. Bevorzugter Problembearbeitungsstil

☐ intuitives Vortasten

☐ systemhaftes Vorgehen

☐ abwechselndes Überlegen und Probieren – Suchen nach Lösungsmustern

6. Indizien für intuitives Problemlösen

(zum Beispiel plötzliche Ideen [„*Ich kann es nicht erklären. Die Zahl war auf einemmal da!*"], sprunghafte Gedankenführung, scheinbar zusammenhanglose Wortfetzen, die aber beim genauen Analysieren doch wichtig für die Lösung sind, symbolhafte Gesten, die Wesentliches „erahnend", mit Worten (noch) nicht fassbar ausdrücken)

7. Indizien für systemhaftes Problemlösen

(zum Beispiel schnelles Erkennen mathematischer Strukturen und Bilden von „Superzeichen", d. h. Entwickeln allgemeiner übergeordneter bzw. komplexer Strukturen [meist im Kopf] beim Finden eines Lösungsweges, die auf einer verbalen, grafisch-schematischen oder formal-symbolischen Ebene dargestellt werden)

8. Indizien für abwechselndes Überlegen und Probieren

(zum Beispiel schnelles und selbstständiges Erfassen der Aufgabenbedingungen und flexibles Entwickeln verschiedener Ansätze, auf Basis derer der/die Problemlösende sich erhofft, Zusammenhänge und evtl. sogar Lösungsmuster zu erkennen, die er/sie in einer übersichtlichen Lösungsdarstellung zusammenfasst)

9. Weitere Auffälligkeiten

Indikatoraufgabentest

Der Indikatoraufgabentest dient als integrierter Bestandteil einer prozessorientierten Erfassung von mathematisch begabten Kindern der 5. bis 8. Klasse. Theoretische Basis sind das von Käpnick und Fuchs konzipierte Modell der Entwicklung mathematischer Begabungen im 3. und 4. Schuljahr (vgl. Käpnick, Fritzlar, Rodeck 2006, S. 6) sowie die Untersuchungen von Sjuts bezüglich der Schuljahre 5 und 6 (2017). Die Ergebnisse des Indikatoraufgabentest können eine diagnostische Einschätzung der Leistungspotenziale von Schülerinnen und Schülern bezüglich der mathematikspezifischen Begabungsmerkmale ermöglichen. Sie sollten jedoch stets unter einer ganzheitlichen Sicht auf die gesamte Leistungs- und Persönlichkeitsentwicklung eines Kindes wie auch im Zusammenhang mit den Ergebnissen weiterer Diagnoseverfahren gesehen werden.

Bei der Durchführung sind ein paar Dinge zu beachten:

- Indikatoraufgabentest einzeln oder in Gruppen
- maximal 20 bis 25 Schülerinnen und Schüler bei einem „Gruppentest"
- übersichtliche Sitzordnung, um einem Abschreiben vorzubeugen
- pro Kind ein Tisch mit Sicht auf die Lehrkraft
- ruhige Atmosphäre für ein ungestörtes Arbeiten
- wenn möglich, eine zweite Person als Aufsichtshilfe dazuholen

Die Anweisungen sollen wörtlich den nachfolgenden sprachlichen Instruktionen entsprechen. Die Lehrperson sollte die Anleitung daher vorab studieren und einüben. Mit den Schülerinnen und Schülern darf aber keine Vorübung erfolgen. Auch die für einzelne Aufgaben vorgesehenen Beispiele zur Erläuterung dürfen nur während des Tests, nicht aber vorher, durchgeführt werden.

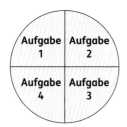

Unterrichtsstunde 1: Indikatoraufgabentest, Teil 1   Unterrichtsstunde 2: Indikatoraufgabentest, Teil 2

Der Indikatoraufgabentest umfasst zwei Teile mit je vier Aufgaben, die jeweils in einer Unterrichtsstunde eingesetzt werden können. Es ist aber in Abhängigkeit von den Intentionen und Gegebenheiten möglich, den Einsatz der Aufgaben noch weiter aufzusplitten. Um die Schülerinnen und Schüler nicht zu überfordern und der Gefahr von Frusterlebnissen zu entgehen, sollten die Aufgaben frühestens am Ende der 5. Klasse bzw. nur bei potenziell Hochbegabten eingesetzt werden.

 Zur Information:

Indikatoraufgaben dienen dem Erkennen mathematikspezifischer Begabungskriterien. Es sind größtenteils offene und komplexe Problemaufgaben, mit denen mathematisch-produktive Lerntätigkeiten initiiert werden, und die ein quantitatives Erfassen und Auswerten von Leistungen ermöglichen. Indikatoraufgaben sind halbstandardisiert, weil folgende Gütekriterien gewährleistet sind: die *Objektivität* bezüglich der Durchführung, Auswertung und zum Teil Interpretation der Ergebnisse; die inhaltliche *Validität* (Gültigkeit bzw. Eignung bezüglich der Zielsetzung) sowie zum Teil die *Reliabilität* (Zuverlässigkeit), welche jedoch nicht statistisch geprüft bzw. abgesichert sind. Indikatoraufgaben stellen somit keinen normierten Test dar.

Anleitung (Teil 1)

Der erste Teil des Indikatoraufgabentests dient dem Erfassen folgender mathematikspezifischer Begabungsmerkmale:

Indikatoraufgabe	Mathematikspezifische Begabungsmerkmale
1	Fähigkeit zum Speichern visuell gegebener mathematischer Sachverhalte im Arbeitsgedächtnis unter Nutzung erkannter Strukturen
2	Fähigkeit im Strukturieren auf der Musterebene, im Angeben von Strukturen und im Wechseln der Repräsentationsebenen
3	Fähigkeit im Strukturieren auf der Musterebene, im Angeben von Strukturen sowie mathematischer Kreativität
4	Fähigkeit im Umkehren von Gedankengängen, im Strukturieren mathematischer Sachverhalte, im Wechseln der Repräsentationsebenen

Damit ein objektiver Ergebnisvergleich zwischen erhaltenen Testresultaten möglich ist, sollten auch jeweils gleiche Aufgabenbedingungen und eine einheitliche Punktbewertung gewährleistet werden.

Arbeitsmaterial für die Lehrkraft:
- eine Testanleitung
- alle sieben Aufgabenblätter mit den entsprechenden sprachlichen Instruktionen
- ein Bleistift, Ersatzbleistifte für die Kinder
- eine Uhr mit Sekundenzeiger (Stoppuhr)

Arbeitsmaterial für jede Schülerin und jeden Schüler:
- sieben Aufgabenblätter (in einer Mappe)
- ein Bleistift
- ein Radiergummi

Beim Erläutern von Beispielen sollte die Lehrperson – falls notwendig – den Kindern helfen, eine richtige Lösung zu finden. Auf keinen Fall darf sie aber bei den eigentlichen Indikatoraufgaben irgendeine Hilfe oder einen Hinweis zur Lösung geben, auch nicht durch Mimik oder Gestik.
Für die Bearbeitungsdauer einer Indikatoraufgabe gilt die vorgegebene Regelzeit. Darunter ist die Bearbeitungszeit für jede Aufgabe zu verstehen, und zwar ab der Anweisung „Fangt an!" oder „Jetzt!" bis zur Anweisung „Beendet eure Arbeit!" oder „Schluss!".

Teil 1 Gesamtzeit etwa 30 Minuten		
	Aufgabe 1	2 Minuten
	Aufgabe 2	10 Minuten
	Aufgabe 3	10 Minuten
	Aufgabe 4	8 Minuten

Sprachliche Instruktionen

Einleitung

Wenn jedes Kind einen Bleistift bereitgelegt hat, sagt die Lehrkraft: „*Heute soll jeder von euch versuchen, selbstständig Aufgaben zu lösen. Es sind Aufgaben, die ihr vorher nicht eingeübt habt. Dennoch braucht ihr keine Angst haben. Ich bin sicher, dass jeder von euch viele Aufgaben lösen kann. Und wenn ihr mal eine Aufgabe nicht schafft, ist das auch nicht schlimm.*

Wir werden so vorgehen, dass ich euch zuerst jede Aufgabe kurz erkläre. Da müsst ihr gut zuhören. Wenn ich dann ‚Fangt an!‘ oder ‚Jetzt!‘ sage, beginnt ihr mit dem Lösen der Aufgabe. Sage ich dann ‚Schluss!‘ oder ‚Beendet eure Arbeit!‘, müsst ihr aufhören und den Bleistift hinlegen. Die Aufgaben- und Lösungsblätter liegen in einer Mappe. Ihr nehmt sie erst dann heraus, wenn ich es euch sage.“

Dann werden die Mappen mit den Aufgabenblättern (inklusive Deckblatt) ausgeteilt. Die Mappen müssen zugeklappt sein. Die Aufgabenblätter sind der Reihenfolge nach so in der Mappe geordnet, dass die beschriftete Seite jeweils unten liegt.

Als Erstes nehmen die Kinder das oberste Blatt bzw. das Deckblatt heraus und schlagen die Mappe wieder zu. Nachdem sie ihre Personalien eingetragen haben, sagt die Lehrperson: „*Wir wollen nun beginnen.*“

Aufgabe 1

„*Wir beginnen mit der ersten Aufgabe. Hört gut zu! Ihr werdet gleich eine Zeichnung mit Zahlen sehen. Versucht, euch genau einzuprägen, welche Zahlen auf dem Bild zu sehen sind und an welcher Stelle sie stehen. Ihr habt hierfür 40 Sekunden Zeit. Anschließend werdet ihr auf dem nachfolgenden Bild die Zeichnung nochmals sehen. Aber nun fehlen die Zahlen. – Ihr müsst dann die Zahlen an der richtigen Stelle wieder eintragen. Wenn ich also ‚Jetzt‘ sage, nehmt das nächste Blatt aus der Mappe. Jetzt!*“

Nach 40 Sekunden: „*Schluss! Legt das Blatt unter die Mappe und holt das oberste Blatt aus der Mappe heraus. Tragt nun die Zahlen richtig ein!*“

Nach etwa einer Minute: „*Schluss! Dreht das Blatt bitte um. Wenn ihr wollt, könnt ihr eine Notiz auf der Rückseite des Blattes machen und schreiben, wie ihr euch die Zahlen gemerkt habt. Danach legt ihr das Blatt unter die Mappe.*“

Aufgabe 2

„*Nehmt nun das nächste Blatt von oben aus der Mappe.*“ Dann liest die Lehrperson alle Aufgabentexte des Blattes vor. Nach dem Vorlesen der Teilaufgabe 2b erklärt die Lehrkraft: „*Mit der n-ten Figur ist gemeint, dass n als Platzhalter für eine beliebige Nummer steht.*“

Mit der Aufforderung „*Fangt an! Ihr habt hierfür insgesamt 10 Minuten Zeit*“ beginnen die Schülerinnen und Schüler, die Aufgabe 2 zu lösen. Nach 10 Minuten erfolgt die Instruktion „*Schluss! Legt das Blatt unter die Mappe*“.

Aufgabe 3

„*Das habt ihr bisher gut gemacht. Wir kommen nun zur nächsten Aufgabe. Nehmt dazu die beiden obersten Blätter aus der Mappe.*“ Dann liest die Lehrkraft den Aufgabentext vor.

„*Bitte schreibt die Lösungen der Beispielaufgabe, die nun an der Tafel angeschrieben werden, mit.*“ Anschließend wird die Beispielaufgabe wie folgt gemeinsam an der Tafel gelöst.

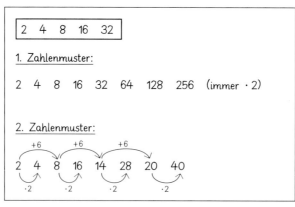

„*Jetzt versucht, zu den anderen vorgegebenen Zahlenfolgen in den Teilaufgaben a) und b) immer jeweils zwei sinnvolle und interessante Fortsetzungen anzugeben. Beschreibt auch immer in Stichworten oder durch Pfeile euer Rechenmuster. Ihr habt hierfür insgesamt 8 Minuten Zeit.*“

Nach 8 Minuten: „*Schluss! Legt die beiden Blätter unter die Mappe.*“

Aufgabe 4

„*Jetzt kommen wir zur letzten Aufgabe. Ihr habt bisher so fleißig gearbeitet, nun bin ich auch überzeugt, dass ihr die Aufgabe auch noch schafft. Nehmt hierzu das letzte Blatt aus der Mappe!*“

Die Lehrperson liest den Aufgabentext vor. Dann erfolgt die Aufforderung „*Fangt an. Ihr habt 8 Minuten Zeit. Denkt auch daran, eure Rechenwege oder Begründungen aufzuschreiben*“.

Nach 8 Minuten: „*Stopp. Ihr habt es geschafft! Legt jetzt bitte alle Blätter in die Mappe.*“

Bist du ein Mathe-Ass? (Teil 1)

Name: _____

Vorname: _____

Alter: _____ Jahre und _____ Monate

Klasse: _____

Datum: _____

Bist du ein Mathe-Ass? (Teil 1)

Name: _____

Vorname: _____

Alter: _____ Jahre und _____ Monate

Klasse: _____

Datum: _____

Seite 1

© AOL-Verlag

Indikatoraufgabe 1

1	14	15	4
13	2	3	16
12	7	6	9
8	11	10	5

Seite 2

Indikatoraufgabe 1

Seite 3

Indikatoraufgabe 2

Anne legt aus kleinen schwarzen und weißen Plättchen Rechtecksanordnungen. Dabei vergrößert sie ihre Rechtecksanordnungen nach einer bestimmten Regel und schreibt darunter jeweils die Gesamtzahl der Plättchen einer Figur.

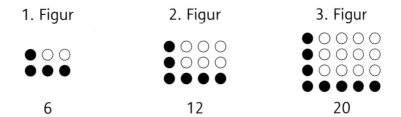

 a) Aus wie vielen schwarzen und wie vielen weißen Plättchen besteht Annes 4. Figur?

Anzahl der schwarzen Plättchen: _____

Anzahl der weißen Plättchen: _____

 b) Gib an, wie man die **Anzahl** der weißen und schwarzen Plättchen in einer beliebigen Figur bestimmen kann. Du kannst jeweils eine Regel für die schrittweise Vergrößerung oder eine Formel für die n-te Figur angeben.

 c) Tim hat eine solche Rechtecksanordnung mit insgesamt 72 kleinen Plättchen gelegt. Die wievielte Figur ist diese in Annes Figurenfolge? Begründe.

Indikatoraufgabe 3

In dieser Aufgabe geht es um das Fortsetzen von Zahlenfolgen. Es sind jeweils die ersten Zahlen einer Zahlenfolge gegeben. Versuche, Rechenmuster in diesen Zahlenanordnungen zu entdecken.

Füge dann immer 4 weitere Zahlen hinzu, die zu den vorgegebenen Mustern passen!

Gib für jede Zahlenfolge 2 verschiedene sinnvolle Fortsetzungen mit jeweils deutlich unterschiedlichen Zahlenmustern an.

Beschreibe die Rechenmuster zum Beispiel mit Pfeilen oder Worten.

Beispielaufgabe:

| 2 | 4 | 8 | 16 |

 1. Zahlenmuster:

2 4 8 16 _____

2. Zahlenmuster:

2 4 8 16 _____

---

 a) | 3 9 6 18 12 |

1. Zahlenmuster:

3 9 6 18 12 _____

2. Zahlenmuster:

3 9 6 18 12 _____

© AOL-Verlag

Indikatoraufgabe 3

 b) | 1 2 3 4 9 |

1. Zahlenmuster:

1   2   3   4   9   _____

2. Zahlenmuster:

1   2   3   4   9   _____

Indikatoraufgabe 4

 Löse die Knobelaufgabe:

Cora und Paul spielen ein Partnerspiel: Auf dem Tisch liegen 25 Plättchen.
Jedes Kind nimmt abwechselnd 1, 2, 3 oder 4 Plättchen weg. Wer von beiden
das letzte Plättchen wegnehmen darf, hat gewonnen.

Welche Strategie muss man anwenden, wenn man dieses Spiel immer
gewinnen will?
Schreibe deine Rechenwege oder Begründungen für die Lösung auf die
Rückseite.

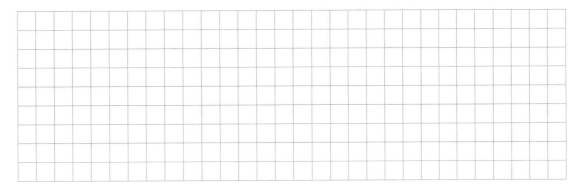

Lösungshinweise (Teil 1)

Indikatoraufgabe 2

Beispiellösungen:

a) Annes 4. Rechteck besteht aus 10 schwarzen und 20 weißen kleinen Plättchen, insgesamt also aus 30 kleinen Plättchen.

b) Eine Regel für die schrittweise Vergrößerung der Rechtecksanordnung zeigt folgende Tabelle:

Figur	Anzahl der schwarzen Plättchen	Anzahl der weißen Plättchen	Gesamtzahl der Plättchen
1.	4	1 · 2 = 2	4 + 2 = 6
2.	6	2 · 3 = 6	6 + 6 = 12
3.	8	3 · 4 = 12	8 + 12 = 20
4.	10	4 · 5 = 20	10 + 20 = 30
5.	12	5 · 6 = 30	12 + 30 = 42
6.	14	6 · 7 = 42	14 + 42 = 56
7.	16	7 · 8 = 56	16 + 56 = 72
8.	18	8 · 9 = 72	18 + 72 = 90
9.	20	9 · 10 = 90	20 + 90 = 110
10.	22	10 · 11 = 110	22 + 110 = 132

1. Lösungsansatz: (Erkennen des rekursiven Bildungsgesetzes der Folge)

Von der 1. zur 2., von der 2. zur 3. Figur usw. vergrößern sich die Anzahlen wie folgt:

- Die Zahl der schwarzen Plättchen erhöht sich konstant um jeweils 2: 4, 6, 8, …
- Die Zahl der weißen Plättchen wächst um 4, 6, 8, …
- Die Zahl aller Plättchen wächst demgemäß um 6, 8, 10, 12, …

Hiervon ausgehend ergibt sich relativ schnell die oben angegebene Lösung.

2. Lösungsansatz: (Erkennen des expliziten Bildungsgesetzes der Folge)

Die Grundform des geometrischen Musters „Rechtecksanordnung" vergrößert sich in der Länge und der Breite schrittweise um jeweils 1 Einheit.

Das Muster der weißen Plättchen ist eine Anordnung mit $n \cdot (n + 1)$ Plättchen, an die links und unten eine Umrandung aus $2 \cdot (n + 1) = 2n + 2$ schwarzen Plättchen angeordnet ist. Hieraus ergibt sich als allgemeine Formel für die Anzahl der Plättchen einer n-ten Figur:

$$n \cdot (n + 1) + (2n + 2) = (n + 1)(n + 2).$$

c) Mithilfe des 1. oder des 2. Lösungsansatzes lässt sich die erkannte Struktur auch (umgekehrt) auf die Gesamtzahl „72 kleine Plättchen" anwenden: Es ist die 7. Figur.

Indikatoraufgabe 3

a) Beispiellösungen für | 3 9 6 18 12

1. Zahlenmuster:	3 9 6 18 12 36 27 81 69 ·3 −3 ·3 −6 ·3 −9 ·3 −12
2. Zahlenmuster	3 9 6 18 12 30 21 45 33 +6 −3 +12 −6 +18 −9 +24 −12
3. Zahlenmuster:	3 9 6 18 12 36 27 75 63 +6 −3 +12 −6 +24 −9 +48 −12
4. Zahlenmuster:	3 9 6 18 12 30 18 42 18 +6 −3 +12 −6 +18 −12 +24 −24
5. Zahlenmuster:	3 9 6 18 12 36 24 72 48 +6 −3 +12 −6 +24 −12 +48 −24
6. Zahlenmuster:	3 9 6 18 12 36 24 72 48 ·3 −3 ·3 −6 ·3 −12 ·3 −24
7. Zahlenmuster:	·2 ·2 ·2 ·2 3 9 6 18 12 36 24 72 48 ·2 ·2 ·2
8. Zahlenmuster:	·2 ·2 ·2 ·2 3 9 6 18 12 36 24 72 48 ·3 ·3 ·3 ·3

b) Beispiellösungen für | 1 2 3 4 9

1. Zahlenmuster:	·3 ·3 ·3 ·3 1 2 3 4 9 6 27 8 81 +2 +2 +2
2. Zahlenmuster	·3 ·3 ·3 ·3 1 2 3 4 9 8 27 16 81 ·2 ·2 ·2
3. Zahlenmuster:	1 2 3 4 9 14 19 28 37 46 (+1 +1 +1) (+5 +5 +5) (+9 +9 +9) +4 +4
4. Zahlenmuster:	1 2 3 4 9 14 19 44 69 94 (+1 +1 +1) (+5 +5 +5) (+25 +25 +25) ·5 ·5
5. Zahlenmuster:	·3 ·3 ·3 ·3 1 2 3 4 9 10 27 28 81 +1 +1 +1 +1

Erwartete Ergebnisse:

Mathematisch begabte Kinder sollten mehrheitlich die mathematisch interessanteren bzw. originelleren Muster oder Fortsetzungen bei Zahlenfolgen angeben können. Hierbei ist aber mit größeren individuellen Unterschieden (aufgrund unterschiedlicher Begabungsausprägungen) zu rechnen. Außerdem könnten verschiedene Unterrichtsstile und diesbezügliche Prägungen der Schülerinnen und Schüler die Qualität kreativer Ideen beeinflussen.

Indikatoraufgabe 4

Beispiellösung: Es gewinnt stets das Kind, welches das fünftletzte Plättchen weggenommen hat. Durch Umkehren der Gedankengänge beim fortlaufenden Subtrahieren erweisen sich weiterhin das zehnt-, fünfzehnt-, zwanzigst- und fünfundzwanzigstletzte Plättchen als weitere „Schlüsselzahlen". Wer bei diesem Spiel also nicht beginnt, kann immer so viele Plättchen wegnehmen, dass er auf alle „Schlüsselzahlen" kommen kann.

Ausgewählte Schülerlösungen (Teil 1)

Anmerkungen:

- Nachfolgend finden Sie ausgewählte authentische Schülerlösungen zu den Indikatoraufgaben 2 bis 4, die die besonderen Potenziale wie auch die enorme Vielfalt der Lösungsideen von mathematisch begabten Kindern aufzeigen können. Die Beispiellösungen sind jeweils so angeordnet, dass zunächst exemplarisch das besondere Leistungspotenzial und dann eine originelle, aber bezüglich einer Punktbewertung „problematische" Lösungsidee eines Kindes angegeben ist.
- Die überraschenden, aber zum Teil nicht eindeutigen und bruchstückhaften Darstellungen von Lösungswegen bzw. Lösungen erfordern eine gewisse Sensibilität bei der Punktbewertung. Um die Ideen eines Kindes eindeutig verstehen und angemessen werten zu können, empfiehlt sich – wenn möglich – ein anschließendes Nachfragen beim jeweiligen Kind.
- Grundsätzlich bieten die Ergebnisse der Indikatoraufgabentests aufgrund ihrer Bandbreite an unterschiedlichen Aufgabenformaten recht effektive Möglichkeiten, verschiedene Problemlösestile der Kinder zu erkennen.

Indikatoraufgabe 2

b) Gib an, wie man die **Anzahl** der kleinen weißen und die **Anzahl** der kleinen schwarzen Plättchen in einer beliebigen Figur erhalten kann. Du kannst jeweils eine Regel für die schrittweise Vergrößerung oder eine Formel für die n-te Figur angeben.

schwarze: $n + 1 + w + 1$

weiße: $n \cdot (n + 1)$

c) Tim hat eine solche Rechtecksanordnung mit insgesamt 72 kleinen Plättchen gelegt. Die wievielte Figur ist diese in Annes Figurenfolge? Begründe.

Das ist die 7. Figur, weil

$(7 + 1 + 7 + 1) + (7 \cdot (7 + 1)) = 72$

Indikatoraufgabe 3a

2. Fortsetzung: 3   9   6   18   12   30 , 21 , 45 , 33

$-(1\cdot3)$ $-(2\cdot3)$ $+(1\cdot6)$ $+(2\cdot6)$ $+(3\cdot6)$

2. Fortsetzung: 3   9 = 6   18 = 12   19 = 7   21 = 14

-6 -12 -7 -14

(die beiden ersten Zahlen minus rechnen)

Indikatoraufgabe 3b

b)

1	2	3	4	9

1. Fortsetzung: 1   2   3   4   9   16   81   256   6561

$1\cdot1$ $2\cdot2$ $3\cdot3$ $4\cdot4$ $9\cdot9$ $16\cdot16$ $81\cdot81$

2. Fortsetzung: 1   2   3   4   9   10   11   12   13   144   145   146   147

mal sich selbst   mal sich selbst

$+1$ $+1$ $+1$ $+1$ $+1$ $+1$ $+1$ $+1$ $+1$ $+1$

Indikatoraufgabe 4b

Lösung:

卌 ⅼⅼⅼⅼ   ⅼⅼⅼⅼ   ⅼⅼⅼⅼ   ⅼⅼⅼⅼ

Wenn Cara 3 Plättchen wegnimmt dann muss ich 2 Plättchen nehmen, um immer auf ein Päckchen mit 5 zu kommen. z.B. ⅼⅼ ⅼⅼⅼ , ⅼⅼⅼ ⅼ , ⅼ ⅼⅼⅼⅼ

So kann ich immer gewinnen

Lösung:

Der Partner muss anfangen und dann gilt die Regel:

nimmt er	nimmst du
1	4
2	3
3	2
4	1

Du gewinnst dann automatisch, weil die Paare immer 5 ergeben und 25 ist durch 5 teilbar. Wenn nur noch 5 Plättchen übrig sind, darf dein Partner nicht alle nehmen, aber du kannst die letzten nehmen.

Anleitung (Teil 2)

Der zweite Teil des Indikatoraufgabentests dient dem Erfassen folgender mathematikspezifischer Begabungsmerkmale:

Indikatoraufgabe	Mathematikspezifische Begabungsmerkmale
1	Fähigkeit zum Speichern akustisch gegebener mathematischer Sachverhalte im Arbeitsgedächtnis unter Nutzung erkannter Strukturen
2	Fähigkeit im Wechseln der Repräsentationsebenen, Strukturieren mathematischer Sachverhalte
3	Fähigkeit zum logischen Schlussfolgern
4	Fähigkeit im Umkehren von Gedankengängen, Strukturieren mathematischer Sachverhalte, Wechseln der Repräsentationsebenen

Arbeitsmaterial für die Lehrkraft:
- eine Testanleitung
- alle sechs Aufgabenblätter mit den entsprechenden sprachlichen Instruktionen
- ein Bleistift, etwa zehn Ersatzbleistifte für die Kinder
- eine Uhr mit Sekundenzeiger (Stoppuhr)

Arbeitsmaterial für jede Schülerin und jeden Schüler:
- sechs Aufgabenblätter (in einer Mappe)
- ein Bleistift
- ein Radiergummi

Beim Erläutern von Beispielen sollte die Lehrperson – falls notwendig – den Kindern helfen, eine richtige Lösung zu finden. Auf keinen Fall darf sie aber bei den eigentlichen Indikatoraufgaben irgendeine Hilfe oder einen Hinweis zur Lösung geben, auch nicht durch Mimik oder Gestik.
Für die Bearbeitungsdauer einer Indikatoraufgabe gilt die vorgegebene Regelzeit. Darunter ist die Bearbeitungszeit für jede Aufgabe zu verstehen, und zwar ab der Anweisung „Fangt an!" oder „Jetzt!" bis zur Anweisung „Beendet eure Arbeit!" oder „Schluss!".

Teil 2 Gesamtzeit etwa 30 Minuten	Aufgabe 1a	etwa 1 Minute
	Aufgabe 1b	etwa 1 Minute
	Aufgabe 2	10 Minuten
	Aufgabe 3	10 Minuten
	Aufgabe 4	6 Minuten

Sprachliche Instruktionen

Einleitung

Wie bei Indikatoraufgabentest, Teil 1: Wenn jedes Kind einen Bleistift bereitgelegt hat, sagt die Lehrkraft: *„Heute soll jeder von euch versuchen, selbstständig Aufgaben zu lösen. Es sind Aufgaben, die ihr vorher nicht eingeübt habt. Dennoch braucht ihr keine Angst haben. Ich bin sicher, dass jeder von euch viele Aufgaben lösen kann. Und wenn ihr mal eine Aufgabe nicht schafft, ist das auch nicht schlimm.*

Wir werden so vorgehen, dass ich euch zuerst jede Aufgabe kurz erkläre. Da müsst ihr gut zuhören. Wenn ich dann ,Fangt an!' oder ,Jetzt!' sage, beginnt ihr mit dem Lösen der Aufgabe. Sage ich dann ,Schluss!' oder ,Beendet eure Arbeit!', müsst ihr aufhören und den Bleistift hinlegen. Die Aufgaben- und Lösungsblätter liegen in einer Mappe. Ihr nehmt sie erst dann heraus, wenn ich es euch sage.“

Dann werden die Mappen mit den Aufgabenblättern (inklusive Deckblatt) ausgeteilt. Die Mappen müssen zugeklappt sein. Die Aufgabenblätter sind der Reihenfolge nach so in der Mappe geordnet, dass die beschriftete Seite jeweils unten liegt.

Als Erstes nehmen die Kinder das oberste Blatt bzw. das Deckblatt heraus und schlagen die Mappe wieder zu. Nachdem sie ihre Personalien eingetragen haben, sagt die Lehrperson: *„Wir wollen nun beginnen.“*

Aufgabe 1a

„Wir beginnen mit der ersten Aufgabe. Hört gut zu! In der ersten Aufgabe geht es darum, dass ich euch mehrere Zahlen zuerst laut sage. Ihr versucht euch die Zahlen gut einzuprägen. (Kleine Pause) Beginnen wir also mit der ersten Teilaufgabe. Ich nenne euch jetzt die erste Zahlengruppe. Passt gut auf, denn ich nenne die Zahlen nur einmal! Anschließend sollt ihr die Zahlen in der Reihenfolge, wie ich sie nenne, in die Zeile hinter dem Buchstaben a schreiben. Fangt bitte erst an, die Zahlen aufzuschreiben, wenn ich ,Jetzt' sage.“

„0; 1; 2“ (Pause) *„10; 12; 14“* (Pause) *„20; 23; 26“* (Pause) *„30; 34; 38“ „Jetzt!“*

Aufgabe 1b

„Bei der zweiten Teilaufgabe nenne ich euch wieder eine Zahlengruppe. Passt gut auf und schreibt danach die Zahlen in der Reihenfolge, wie ich sie nenne, in die Zeile hinter dem Buchstaben b!“

„0; 5; 2; 5“ (Pause) *„11; 16; 13; 5“* (Pause) *„22; 27; 24; 5“* (Pause) *„33, 38, 35, 5“* (Pause) *„Jetzt!“*

Nach dem Aufschreiben: *„Dreht bitte das Blatt um. Wenn ihr wollt, könnt ihr auf der Rückseite des Blattes aufschreiben, wie ihr euch die Zahlengruppen bei Aufgabe 1a und 1b gemerkt habt.“* Danach legen die Kinder das Blatt unter die Mappe.

Aufgabe 2

„Ihr habt bisher prima mitgemacht. Nun kommen wir zur nächsten Aufgabe. Nehmt dazu die beiden nächsten Blätter von oben aus der Mappe, sodass ihr die Seiten 3 und 4 vor euch liegen habt.“

Die Lehrperson liest alle Aufgabentexte vor und erläutert die oberen geometrischen Veranschaulichungen. Mit der Aufforderung *„Fangt an. Ihr habt 10 Minuten Zeit“* beginnen die Kinder, die Aufgabe 2 zu lösen.

Nach 10 Minuten erfolgt die Instruktion *„Schluss! Legt das Blatt bitte unter die Mappe“*.

Aufgabe 3

„Das habt ihr gut gemacht. Nehmt euch jetzt bitte das nächste Blatt aus der Mappe und schließt die Mappe dann wieder. Ich lese euch wieder die Aufgabenstellung vor.“ (Beim Vorlesen der Aufgabe betont die Lehrperson, dass *„nur genau eine der Aussagen richtig ist“*.)

„Schreibt eure Lösung und eure Begründungen in den Kasten. Wenn ihr mehr Platz benötigt, dürft ihr auf der Rückseite weiterschreiben. Ihr habt 10 Minuten Zeit. Fangt an.“

Nach 10 Minuten: *„Stopp. Legt jetzt bitte das Blatt unter die Mappe.“*

Aufgabe 4

„Jetzt kommen wir zur letzten Aufgabe. Ihr habt bisher so fleißig gearbeitet, nun bin ich überzeugt, dass ihr diese Aufgabe auch noch schafft. Nehmt dazu das letzte Blatt aus der Mappe!“

Die Lehrperson liest den Aufgabentext vor. Dann erfolgt die Aufforderung: *„Fangt an. Ihr habt 6 Minuten Zeit. Denkt auch daran, dass ihr Rechenwege oder Begründungen jeweils aufschreiben sollt.“*

Nach 6 Minuten: *„Schluss! Ihr habt es geschafft. Legt jetzt bitte alle Blätter in die Mappe.“*

Bist du ein Mathe-Ass? (Teil 2)

Name: _____

Vorname: _____

Alter: _____ Jahre und _____ Monate

Klasse: _____

Datum: _____

Indikatoraufgabe 1

 a) _____

 b) _____

Indikatoraufgabe 2

Zahlen und Zahlbeziehungen lassen sich geometrisch anschaulich darstellen.
Zum Beispiel:

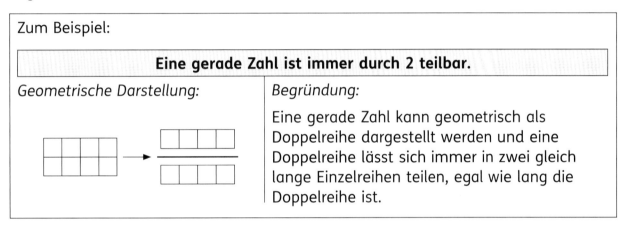

Zahl 4	2 · 4	2 · 4 + 1	2, 3
eine natürliche Zahl	eine gerade Zahl	eine ungerade Zahl	zwei aufeinander-folgende Zahlen

In solchen geometrischen Darstellungen lassen sich oft Rechengesetze erkennen und begründen.

Zum Beispiel:

Eine gerade Zahl ist immer durch 2 teilbar.

Geometrische Darstellung:	*Begründung:*
	Eine gerade Zahl kann geometrisch als Doppelreihe dargestellt werden und eine Doppelreihe lässt sich immer in zwei gleich lange Einzelreihen teilen, egal wie lang die Doppelreihe ist.

 a) Stelle die Aussage geometrisch dar und begründe sie anhand der geometrischen Darstellung.

Die Summe von zwei ungeraden Zahlen ist immer durch 2 teilbar.

Geometrische Darstellung:	*Begründung:*
	_____
	_____
	_____
	_____
	_____
	_____
	_____

Indikatoraufgabe 2

 b) Kreuze an, stelle die Aussagen geometrisch dar und begründe.

A: Die Summe von zwei verschiedenen geraden Zahlen ist immer durch 4 teilbar.
☐ wahr   ☐ falsch

Geometrische Darstellung:

Begründung:

_____

_____

_____

_____

_____

_____

_____

B: Die Summe von drei aufeinanderfolgenden Zahlen ist immer durch 3 teilbar.
☐ wahr   ☐ falsch

Geometrische Darstellung:

Begründung:

_____

_____

_____

_____

_____

_____

_____

_____

Indikatoraufgabe 3

Sieben Personen A, B, C, D, E, F und G diskutieren darüber, welcher Wochentag heute sei. Sie sagen Folgendes:

A: Heute ist Montag.

B: Heute ist Mittwoch.

C: Heute ist Dienstag.

D: Heute ist entweder Donnerstag, Freitag, Samstag oder Sonntag.

E: Heute ist Freitag.

F: Gestern war Dienstag.

G: Gestern war nicht Samstag.

Wenn nur genau eine Aussage richtig ist, an welchem Wochentag fand das Gespräch statt?
Begründe deine Antwort!

Indikatoraufgabe 4

Löse die Knobelaufgabe:

Marco las in einer Woche ein Buch von 133 Seiten. Am Montag las er einige Seiten und von da ab jeden Tag 5 Seiten mehr als am Tag davor. Am Sonntagabend war er fertig.

Wie viele Seiten las er am Montag? Schreibe deine Rechenwege oder deine Begründungen für die Lösung auf.

Lösungshinweise (Teil 2)

Indikatoraufgabe 1:

a) 0 1 2 10 12 14 20 23 26 30 34 38

b) 0 5 2,5 11 16 13,5 22 2̶7̶ 24,5 33 38 35,5

Indikatoraufgabe 2 a):

Die Summe von zwei ungeraden Zahlen ist immer durch 2 teilbar.

Geometrische Darstellung:

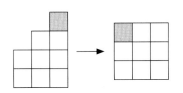

Begründung:

Auf geometrischer Ebene können immer zwei ungerade Zahlen zu einer Doppelreihe zusammengelegt werden (was dem Addieren entspricht), egal wie lang die Reihen für die beiden ungeraden Zahlen sind.

Indikatoraufgabe 2 b):

A: Die Summe von zwei verschiedenen geraden Zahlen ist immer durch 4 teilbar.
☐ wahr   ☒ falsch

Geometrische Darstellung:

Begründung:

Auf geometrischer Ebene können zwei gerade Zahlen (jeweils als Doppelreihe dargestellt) nicht immer zu einer gleich langen Viererreihe zusammenlegt werden (was ein Teilen durch 4 ohne Rest ermöglichen würde). Somit ist die Behauptung falsch.

B: Die Summe von drei aufeinanderfolgenden Zahlen ist immer durch 3 teilbar.
☒ wahr   ☐ falsch

Geometrische Darstellung:

Begründung:

Aufeinanderfolgende natürliche Zahlen lassen sich geometrisch als Treppe darstellen. Bei einer Dreiertreppe kann stets das kleine Quadrat der höchsten Stufe auf die kleinste Stufe gesetzt werden. Dann sind alle drei Säulen gleich hoch, egal wie hoch die Treppe ist. Die Figur mit drei gleich hohen Säulen ist immer durch drei teilbar (ohne Rest).

Indikatoraufgabe 3:

- Angenommen, A stimmt („Heute ist Montag.") und alle anderen Aussagen sind falsch, dann gibt es einen Widerspruch zur Aussage G. Denn wenn G falsch ist, dann wäre gestern Samstag gewesen, heute also Sonntag.
- Angenommen, B stimmt („Heute ist Mittwoch."), dann gibt es einen Widerspruch zur Aussage G (siehe oben).
- Angenommen, C stimmt („Heute ist Dienstag."), dann gibt es einen Widerspruch zur Aussage G (siehe oben).
- Angenommen, D stimmt („Heute ist entweder Donnerstag, Freitag, Samstag oder Sonntag."), dann gibt es keinen Widerspruch zu den anderen Aussagen. In Kombination mit Aussage G kann man feststellen, dass heute Sonntag ist.
- Angenommen, E stimmt („Heute ist Freitag."), dann gibt es einen Widerspruch zur Aussage G (siehe oben).
- Angenommen, F stimmt („Heute ist Mittwoch."), dann gibt es einen Widerspruch zur Aussage G (siehe oben).
- Angenommen, G stimmt („Heute ist nicht Sonntag."), dann muss entweder Montag, Dienstag, Mittwoch, Donnerstag, Freitag oder Samstag sein. In diesen Fällen gäbe es jedoch einen Widerspruch entweder zur Aussage A, B, C, D, E oder F.

Lösung: Aussage D ist wahr. Das Gespräch hat an einem Sonntag stattgefunden.

Ein alternativer Lösungsweg ist folgender:
- Angenommen, es ist Montag: dann stimmen A und G.
- Angenommen, es ist Dienstag: dann stimmen C und G.
- Angenommen, es ist Mittwoch: dann stimmen B, F und G.
- Angenommen, es ist Donnerstag: dann stimmen D und G.
- Angenommen, es ist Freitag: dann stimmen D und G.
- Angenommen, es ist Samstag: dann stimmen D und G.
- Angenommen, es ist Sonntag: dann stimmt nur D.

Lösung: Da nur genau eine Aussage wahr ist, muss das Gespräch am Sonntag stattgefunden haben und Aussage D ist demnach wahr.

Indikatoraufgabe 4:

Marco las Dienstag 5 Seiten mehr, am Mittwoch 10, …, am Sonntag 30 Seiten mehr, insgesamt also 105 Seiten. Subtrahiert man 105 von 133 erhält man 28. Diese 28 Seiten verteilen sich gleichzeitig auf die 7 Tage (28 : 7 = 4). Marco las am Montag also 4 Seiten.

Ausgewählte Schülerlösungen (Teil 2)

Anmerkungen:

- Nachfolgend finden Sie ausgewählte authentische Schülerlösungen zu den Indikatoraufgaben 2 bis 4, die die besonderen Potenziale wie auch die enorme Vielfalt der Lösungsideen von mathematisch begabten Kindern aufzeigen können. Die Beispiellösungen sind jeweils so angeordnet, dass zunächst exemplarisch das besondere Leistungspotenzial und dann eine originelle, aber bezüglich einer Punktbewertung „problematische" Lösungsidee eines Kindes angegeben ist.

- Die überraschenden, aber zum Teil nicht eindeutigen und bruchstückhaften Darstellungen von Lösungswegen bzw. Lösungen erfordern eine gewisse Sensibilität bei der Punktbewertung. Um die Ideen eines Kindes eindeutig verstehen und angemessen werten zu können, empfiehlt sich – wenn möglich – ein anschließendes Nachfragen beim jeweiligen Kind.
- Grundsätzlich bieten die Ergebnisse der Indikatoraufgabentests aufgrund ihrer Bandbreite an unterschiedlichen Aufgabenformaten recht effektive Möglichkeiten, verschiedene Problemlösestile der Kinder zu erkennen.

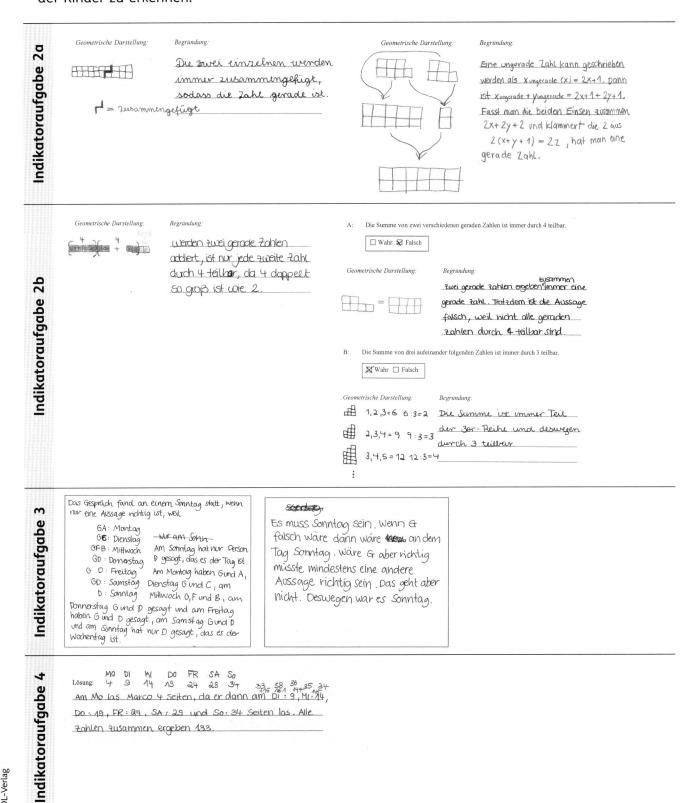

Indikatoraufgabe 2a

Geometrische Darstellung:

Begründung:

Die zwei einzelnen werden immer zusammengefügt, sodass die Zahl gerade ist.

⌐ = zusammengefügt

Geometrische Darstellung:

Begründung:

Eine ungerade Zahl kann geschrieben werden als $x_{ungerade}$ (x) = 2x+1. Dann ist $x_{ungerade}$ + $y_{ungerade}$ = 2x+1 + 2y+1. Fasst man die beiden Einsen zusammen 2x+2y+2 und klammert die 2 aus 2(x+y+1) = 2z, hat man eine gerade Zahl.

Indikatoraufgabe 2b

Geometrische Darstellung:

Begründung:

Werden zwei gerade Zahlen addiert, ist nur jede zweite Zahl durch 4 teilbar, da 4 doppelt so groß ist wie 2.

A: Die Summe von zwei verschiedenen geraden Zahlen ist immer durch 4 teilbar.

☐ Wahr ☒ Falsch

Geometrische Darstellung:

Begründung:

Zwei gerade Zahlen ergeben zusammen immer eine gerade Zahl. Trotzdem ist die Aussage falsch, weil nicht alle geraden Zahlen durch 4 teilbar sind.

B: Die Summe von drei aufeinander folgenden Zahlen ist immer durch 3 teilbar.

☒ Wahr ☐ Falsch

Geometrische Darstellung:

Begründung:

1,2,3 = 6   6:3 = 2
2,3,4 = 9   9:3 = 3
3,4,5 = 12   12:3 = 4

Die Summe ist immer Teil der 3er-Reihe und deswegen durch 3 teilbar.

Indikatoraufgabe 3

Das Gespräch fand an einem Sonntag statt, wenn nur eine Aussage richtig ist, weil

G A: Montag
G C: Dienstag
G F B: Mittwoch
G D: Donerstag
G D: Freitag
G D: Samstag
D: Sonntag

Nur am Sohn

Am Sonntag hat nur Person D gesagt, das es der Tag ist. Am Montag haben G und A, Dienstag G und C, am Mittwoch G, F und B, am Donerstag G und D gesagt und am Freitag haben G und D gesagt, am Samstag G und D und am Sonntag hat nur D gesagt, das es der Wochentag ist.

Sonntag

Es muss Sonntag sein. Wenn G falsch wäre dann wäre keine an dem Tag Sonntag. Wäre G aber richtig müsste mindestens eine andere Aussage richtig sein. Das geht aber nicht. Deswegen war es Sonntag.

Indikatoraufgabe 4

Lösung:

MO	DI	MI	DO	FR	SA	SO
4	9	14	19	24	29	34

33, 38, 38, 38, 35, 34
119, 129, 119, 144, 145

Am Mo las Marco 4 Seiten, da er dann am DI: 9, MI: 14, DO: 19, FR: 24, SA: 29 und So: 34 Seiten las. Alle Zahlen zusammen ergeben 133.

Bewertungsbogen (Teil 1 und 2)

Anmerkungen:

- Die Punktbewertung ist generell so konstruiert, dass die Punkte innerhalb einer Aufgabe (aber nicht bezogen auf die Gesamtheit der hier angegebenen Aufgaben) ausgewogen verteilt werden. Bei einer kriterienbezogenen Auswertung ist es also sinnvoll, die jeweiligen prozentualen Anteile der Punktzahlen (in Bezug auf die einzelnen Begabungskriterien) zu ermitteln (siehe nachfolgende Tabelle).

- Eine eindeutige Zuordnung von Punkten zu Begabungskriterien ist prinzipiell etwas problematisch, da Kinder beim Aufgabenlösen oft zugleich verschiedene Fähigkeiten einsetzen. Hinzu kommt, dass das Lösen der Aufgaben immer auch ein gewisses „Maß" an Konzentrationsvermögen, an Aufgabenbereitschaft, an Ausdauer oder an Kreativität verlangt. Diese und ähnliche begabungsstützende Persönlichkeitsqualitäten werden somit indirekt mit „abgetestet", eine eindeutige Zuordnung zu Aufgabenteilen und eine hierauf basierende eindeutige Punktbewertung sind aber nicht möglich.

- Wenn möglich, sollte man sich nicht mit der Punktbewertung auf der Basis der schriftlichen Schülerlösungen zufriedengeben, sondern soweit wie möglich versuchen, anschließend Kinder zu ihren Lösungsstrategien zu befragen. Dies ist auch deshalb sinnvoll und oft notwendig, weil viele begabte Kinder dazu neigen, keine oder nur bruchstückhaft Lösungswege aufzuschreiben. Daraus ergibt sich das Problem, dass mitunter tolle Ideen von Kindern im Verborgenen bleiben.

Empfehlung zur Bewertung von Schülerlösungen im Indikatoraufgabentest (Teil 1)

Indikator-aufgabe	Mathematikspezifische Begabungsmerkmale	Kennzeichnung des Bewertungsmodus	Punkte (gesamt)
1	Speichern mathematischer Sachverhalte im Arbeitsgedächtnis unter Nutzung erkannter Strukturen	¼ Punkt für jede richtig wiedergegebene Zahl Eine Zahl gilt nur dann als richtig wiedergegeben, wenn sie korrekt in das der Originalfigur entsprechende Feld eingetragen wurde.	4
2a	Strukturieren auf der Musterebene	1 Punkt für die korrekte Anzahl schwarzer Plättchen 1 Punkt für die korrekte Anzahl weißer Plättchen Wird lediglich die Gesamtzahl der kleinen Plättchen der 4. Stufe genannt, wird nur 1 Punkt gegeben. Fehlt die Angabe, ob es sich um schwarze oder weiße Plättchen handelt, wird insgesamt nur 1 Punkt gegeben.	2
2b	Angeben einer Struktur	2 Punkte für die korrekte Angabe einer Regel für die schrittweise Vergrößerung der schwarzen Plättchen 4 Punkte für die korrekte Angabe einer Regel für die schrittweise Vergrößerung der weißen Plättchen oder 2 Punkte für die Angabe, dass die Anzahl der weißen Plättchen der Gesamtanzahl an Plättchen der vorherigen Figur entspricht 1 Punkt Abzug, wenn die Angabe fehlt, ob es sich um schwarze oder weiße Plättchen handelt 2 Punkte insgesamt, wenn nur die schrittweise Vergrößerung der Gesamtzahl der kleinen Plättchen genannt wird	6
2c	Selbstständiges Umkehren von Gedankengängen	1 Punkt für die richtige Lösungsangabe (7. Figur) 1 Punkt für eine sinnvolle Begründung	2
3a + b	Mathematische Fantasie, Strukturieren auf der Musterebene, Angeben einer Struktur	Mathematische Fantasie: 1 Punkt für jede sinnvolle Fortsetzung mit einem eindeutig erkennbaren Rechenmuster (aber nur ½ Punkt bei einfachem Transfer eines bereits verwendeten Musters auf eine andere Zahlenfolge) Strukturieren mathematischer Sachverhalte: 1 Punkt für eine sinnvolle Angabe der Struktur der Fortsetzung der Zahlenfolge; ½ Punkt Abzug pro Rechenfehler in der Fortsetzung einer Zahlenfolge (Folgefehler sind ausgenommen)	8
4	Selbstständiges Umkehren von Gedankengängen	2 Punkte für den Lösungsansatz „Umkehren der Spielschritte" bzw. für das Erkennen der 1. Schlüsselzahl (das fünftletzte Plättchen) vor Spielende 3 Punkte für die richtige Angabe weiterer Schlüsselzahlen, zum Beispiel durch Verallgemeinerung (1 Punkt, falls nur einzelne Schlüsselzahlen genannt werden) 1 weiterer Punkt für die hieraus folgende Angabe der Konsequenz des Spielbeginns	6
		erreichbare Gesamtpunktzahl:	**28**

Empfehlung zur Bewertung von Schülerlösungen im Indikatoraufgabentest (Teil 2)

Indikator-aufgabe	Mathematikspezifische Begabungsmerkmale	Kennzeichnung des Bewertungsmodus	Punkte (gesamt)
1a	Speichern mathematischer Sachverhalte im Arbeits-gedächtnis unter Nutzung erkannter Strukturen	1/3 Punkt für jede richtige Zahl (insgesamt 4 Punkte) 1 Punkt, wenn alle Zahlen (mindestens 10 von 12) in der korrekten Reihenfolge aufgeschrieben sind	5
1b	Speichern mathematischer Sachverhalte im Arbeits-gedächtnis unter Nutzung erkannter Strukturen	1/3 Punkt für jede richtige Zahl (insgesamt 4 Punkte) 1 Punkt, wenn alle Zahlen (mindestens 10 von 12) in der korrekten Reihenfolge aufgeschrieben sind	5
2a	Selbstständiges Wechseln der Repräsentationsebene, Erken-nen von Strukturen, Selbst-ständiger Transfer erkannter Strukturen	2 Punkte für die richtige Angabe der geometrischen Darstel-lung und 2 Punkte für eine dementsprechende Argumentati-on bzw. Begründung; 1 Punkt Abzug, werden in der geome-trischen Darstellung nicht die eigentliche Aussage, sondern lediglich die Zahlen oder die Zahlbeziehungen dargestellt 1 Punkt Abzug, wird in der Begründung nur ein Beispiel ge-nannt	4
2b A	Selbstständiges Wechseln der Repräsentationsebene, Erken-nen von Strukturen, Selbst-ständiger Transfer erkannter Strukturen	1 Punkt für die richtige Angabe des Wahrheitswertes der Behauptung 2 Punkte für eine richtige geometrische Darstellung 1 Punkt für eine dementsprechende Argumentation bzw. Begründung (zum Beispiel Gegenbeispiel) 1 Punkt Abzug, wird in der geometrischen Darstellung nicht die eigentliche Aussage, sondern lediglich die Zahlen oder die Zahlbeziehungen dargestellt	4
2b B	Selbstständiges Wechseln der Repräsentationsebene, (Erken-nen von Strukturen), (Selbst-ständiger Transfer erkannter Strukturen)	1 Punkt für die richtige Angabe des Wahrheitswertes der Behauptung 2 Punkte für eine richtige geometrische Darstellung 1 Punkt für eine dementsprechende Argumentation bzw. Begründung 1 Punkt Abzug, wird in der geometrischen Darstellung nicht die eigentliche Aussage, sondern lediglich die Zahlen oder die Zahlbeziehungen dargestellt ½ Punkt Abzug, wird in der Begründung zur Aussage B ein Beispiel genannt	4
3	Logisches Schlussfolgern	2,5 Punkte für die richtige Lösungsangabe (Sonntag) ½ Punkt für jede richtig falsifizierte bzw. verifizierte Aussage (siehe linkes Beispiel der ausgewählten Schülerlösungen) <u>oder</u> 3,5 Punkte wird eine sinnvolle Begründung im Sinne einer logischen Argumentation gegeben (siehe rechtes Beispiel der ausgewählten Schülerlösungen) 1 Punkt für die Begründung insgesamt, wenn dort nur ein Beispiel genannt wird	6
4	Selbstständiges Umkehren von Gedankengängen	2 Punkte für die richtige Lösung 2 Punkte für die richtige Angabe eines Lösungsweges	4
		erreichbare Gesamtpunktzahl:	**32**

Schülerergebnisbogen zum Indikatoraufgabentest (Teil 1)

Datum: _____

Vorname und Name des Kindes: _____

Alter des Kindes: _____ Jahre _____ Monate   Klassenstufe: _____

Indikatoraufgabe	Mathematikspezifische Begabungsmerkmale	erreichbare Punktzahl	erreichte Punktzahl
1	Speichern mathematischer Sachverhalte im Arbeitsgedächtnis unter Nutzung erkannter Strukturen	4	
2	Strukturieren auf der Musterebene	2	
	Angeben einer Struktur	6	
	Selbstständiges Umkehren von Gedankengängen	2	
3	Mathematische Fantasie, Strukturieren auf der Musterebene, Angeben einer Struktur	8	
4	Selbstständiges Umkehren von Gedankengängen	6	
Gesamt:			/28

Schülerergebnisbogen zum Indikatoraufgabentest (Teil 2)

Datum: _____

Vorname und Name des Kindes: _____

Alter des Kindes: _____ Jahre _____ Monate   Klassenstufe: _____

Indikatoraufgabe	Mathematikspezifische Begabungsmerkmale	erreichbare Punktzahl	erreichte Punktzahl
1	Speichern mathematischer Sachverhalte im Arbeitsgedächtnis unter Nutzung erkannter Strukturen	5	
		5	
2	Selbstständiges Wechseln der Repräsentationsebene, Erkennen von Strukturen, Selbstständiger Transfer erkannter Strukturen	4	
		4	
		4	
3	Logisches Schlussfolgern	6	
4	Selbstständiges Umkehren von Gedankengängen	4	
Gesamt:			/32

Punktezuordnung zu den mathematikspezifischen Begabungsmerkmalen

Durch die Zuordnung der erreichbaren Punkte zu den mathematikspezifischen Begabungsmerkmalen im Indikatoraufgabentest (Teil 1 und 2) erfassen Sie hier auf einen Blick das Ausprägungsprofil der mathematischen Begabung eines Kindes, also besondere Stärken und bisher nicht so gut entwickelte Kompetenzen bezüglich eines mathematikspezifischen Begabungsmerkmals.

Mathematikspezifisches Begabungsmerkmal	Punkte der jeweiligen Indikatoraufgaben	Punktzahl (gesamt)	Anteil der Punktzahl (gesamt) in Prozent
Speichern mathematischer Sachverhalte im Arbeitsgedächtnis unter Nutzung erkannter Strukturen	5 (1a, Teil 2) + 5 (1b, Teil 2) + 4 (1, Teil 1)	14	23 %
Strukturieren auf der Musterebene, Erkennen bzw. Angeben einer Struktur	4 (3, Teil 1) + 2 (2a, Teil 1) + 6 (2b, Teil 1)	12	20 %
Selbstständiges Umkehren von Gedankengängen	2 (2c, Teil 1) + 4 (4, Teil 2) + 6 (4, Teil 1)	12	20 %
Selbstständiges Wechseln der Repräsentationsebene und selbstständiger Transfer erkannter Strukturen	4 (2a, Teil 2) + 4 (2bA, Teil 2) + 4 (2bB, Teil 2)	12	20 %
Mathematische Fantasie	4 (3, Teil 1)	4	7 %
Logisches Schlussfolgern	6 (3, Teil 2)	6	10 %
Gesamt:		60	100 %

Leitfragen: Bist du ein Mathe-Ass?

Mit diesen Leitfragen lassen sich individuelle Ausprägungen einer mathematischen Begabung bei Schülerinnen und Schülern im mittleren Schulalter erfassen.[9]

1. Was sind deine Lieblingsaufgaben
   a) im Mathematikunterricht,
   b) in außerunterrichtlichen mathematischen Förderprojekten?
   c) Warum sind diese Aufgaben deine Lieblingsaufgaben?

2. Welche Aufgaben oder Aufgabentypen magst du nicht gern? Warum?

3. Findest du heute die gleichen mathematischen Themen oder Aufgaben wie in den ersten Schuljahren gut oder haben sich deine „Vorlieben" inzwischen verändert?

4. Löst du heute mathematische Probleme auf die gleiche Art wie in den ersten Schuljahren oder hast du deine Vorgehensweise inzwischen verändert? Welche Rolle spielen dabei deine in der Schulzeit gesammelten Erfahrungen?

5. Welches mathematische Problem war für dich bisher eine besonders „harte Nuss"? Warum war das so? Wie gelang es dir, die „Nuss" zu knacken?

6. Knobelst du beim Problemlösen generell lieber allein oder mit anderen zusammen?

7. Was glaubst du, woran liegt es, dass du schwierige mathematische Probleme lösen kannst?

8. Was glaubst du, woran liegt es, dass du schwierige mathematische Probleme mitunter nicht lösen kannst?

9. Wie fühlst du dich, wenn du eine schwierige Problemaufgabe lösen konntest?

10. Was ist für dich Mathematik?

11. Was fasziniert dich an der Mathematik?

12. Welche Bedeutung hat für dich Mathematik?

13. Seit wann interessierst du dich für Zahlen, für das Rechnen und für geometrische Formen?

14. Wer oder was hat dein Interesse an der Mathematik geweckt?

15. Hat sich seit Beginn der Schulzeit dein Interesse an der Mathematik verändert, in welcher Weise hat es sich evtl. vertieft, inwiefern gibt es für dich Interessenskonflikte mit anderen Tätigkeiten?

16. Welche Bedeutung hatte bzw. hat der Mathematikunterricht in der Schule für die Entwicklung deiner mathematischen Kompetenzen?

17. Was wäre für dich ein „idealer Mathematikunterricht"? Was würdest du dir wünschen?

18. Nimmst du an einem außerunterrichtlichen mathematischen Förderprojekt teil? Welche Bedeutung hat für dich die Teilnahme?

19. Was möchtest du einmal werden und warum möchtest du es werden?

20. Was weißt du oder was glaubst du: Was machen Mathematikerinnen und Mathematiker in ihrer beruflichen Tätigkeit? Würde dich eine solche Tätigkeit auch interessieren?

---

[9] Die Leitfragen stammen aus: Käpnick 2018.

Schülerreflexionsbogen

Name: _____   Datum: _____

Reflexionsbogen

Schätze ein, wie dir die heutigen Aufgaben gefallen haben und wie du sie lösen konntest. Kreuze an!

	Stimmt! 😊	Stimmt nicht. 😟
Mir haben die heutigen Aufgaben gefallen.	☐	☐
Ich habe mich beim Bearbeiten der Aufgaben sehr angestrengt.	☐	☐
Ich bin selbst auf richtige Lösungsideen gekommen.	☐	☐
Ich bin mit meinen Lösungen zufrieden.	☐	☐
Ich habe mich an eine ähnliche Aufgabe erinnert.	☐	☐
Ich wollte meine Lösung gerne meinen Mitschülerinnen und Mitschülern vorstellen!	☐	☐

Ergänze:

Hast du dich beim Bearbeiten der Aufgabe an eine andere Aufgabe erinnert?
Wenn ja, an welche hast du gedacht?

_____

_____

Was fiel dir besonders schwer?

_____

_____

Was fiel dir besonders leicht?

_____

_____

Was hat besonders Spaß gemacht?

_____

_____

Mathe-Asse-Checkliste

Name: _____ Datum: _____

Was kannst du schon?	Das kann ich schon gut!	Ich bin auf dem Weg!
mir selbst hohe Ziele setzen	☐	☐
angestrengt und ausdauernd an der Umsetzung der Ziele arbeiten	☐	☐
mir schnell viele Fakten und Zusammenhänge richtig einprägen	☐	☐
kreative Lösungsideen finden	☐	☐
mathematische Zusammenhänge erkennen	☐	☐
Lösungswege beschreiben	☐	☐
Lösungen übersichtlich darstellen	☐	☐
Lösungen richtig begründen	☐	☐
Erklärungen von anderen verstehen	☐	☐
mit anderen Schülerinnen und Schülern gut zusammenarbeiten	☐	☐
Aufgaben erfinden	☐	☐

Das mag ich besonders: